# LOURDES

## LES APPARITIONS

« Allez boire à la Fontaine
et vous y laver ! »

*Paroles de la Vierge
à Bernadette.*

## DU MÊME AUTEUR

---

**LOURDES. Les Pèlerinages** . . . 2 fr. 50

**AU PAYS DES MASSACRES.**
**Saignée arménienne de 1909.** . . . 1 fr. »

*Pour paraître prochainement :*

**LOURDES. Les Guérisons.**

---

C^te JEAN DE BEAUCORPS

# LOURDES

## LES APPARITIONS

★



PARIS
BLOUD et C^ie, ÉDITEURS
7, PLACE SAINT-SULPICE, 7

1911

A MON FRÈRE HENRI

# AVIS

*Ce petit livre ne prétend pas au titre d'histoire de Lourdes. Il est un simple récit des Apparitions et de la vie de Bernadette.*

*Mais récit ne veut pas dire conte. Et, quoique la donnée presque trop merveilleuse de cette surnaturelle aventure, la forme trop volontiers peut-être narrative, la recherche sans doute exagérée du détail typique puissent induire quelques personnes à regarder cette œuvre comme une œuvre d'imagination, tel n'est pas son caractère. Non seulement l'auteur se serait gardé comme d'un sacrilège de contredire sciemment à la vérité historique, mais il se serait fait scrupule d'avancer le moindre détail qui ne fût un fait acquis par ses nom-*

*breux devanciers ou par ses enquêtes personnelles.*

*Ses sources dans ce minutieux travail de reconstitution furent : d'abord et surtout les travaux du P. Cros — la plus précieuse mine de documents sur Lourdes — ; puis le livre d'Estrade pour les faits dont son auteur fut le témoin ou l'enquêteur direct. L'on a encore puisé, non sans précaution, quelques détails pittoresques dans les recherches personnelles auxquelles il a été fait allusion. Elles furent menées en 1909 auprès des contemporains survivants de Bernadette, particulièrement près de Jeanne Abadie qui voulut bien se départir de sa réserve ordinaire et évoquer longuement tous les souvenirs du passé ; près de Basile Castérot, tante de Bernadette; de Jean-Marie Soubirous, son frère ; de Mlle Ribettes et de Mlle Moura, ses amies ; du meunier Nicolau ; de plusieurs autres témoins des apparitions parmi lesquels l'abbé Joannas, dont la mémoire est restée si jeune ; de sœur Aurélie, ex-maîtresse de Bernadette, et de plusieurs habitants de Bartrès dont Justine Laguës, sœur de lait de la voyante.*

*Sans doute à cette distance des faits ces sou-*

*venirs courent quelque risque d'avoir subi de légères déformations, aussi a-t-on eu soin de les contrôler par la convergence d'autres informations ou de borner leur usage à des détails d'importance toute secondaire. Ils forment dans ce cas des documents nullement nécessaires mais suffisamment autorisés et qui semblaient dignes d'être sauvegardés de l'oubli.*

*Enfin l'auteur a regardé — et même écouté — les choses encore intactes du passé : les champs de Bartrès, les moulins de Lourdes, le cachot de la rue des Fossés, témoins muets, impassibles, mais bien éloquents encore.*

# PREMIÈRE PARTIE

# LES APPARITIONS

# LOURDES

## LES APPARITIONS

### CHAPITRE PREMIER

### PREMIÈRE APPARITION

> Le chef sarrazin Mirat, qui, du temps de Charlemagne, tenait la citadelle de Lourdes, s'étant converti, ne voulut rendre son château qu'à la Vierge Marie, et à condition « que son comté, libre de tout fief terrestre, ne relevât jamais que d'Elle seule ».
>
> C'est pourquoi, durant des siècles, « chaque vingt-cinq ans, le drapeau fleurdelysé était abaissé sur la citadelle de Lourdes et tout un jour la bannière de N.-Dame y flottait » en signe de suzeraineté. Chaque année aussi le parvis de l'église de N.-D. du Puy, suzeraine directe de Lourdes, était couvert « de jonchées d'herbe de Massabieille » en signe d'hommage.
>
> « A Massabielle, Marie était donc comme semée depuis des siècle, elle y germait, et tout à coup elle y fleurit » en apparitions !
>
> *Chroniques de Lourdes* et Cros, *N.-D. de Lourdes.*

11 février 1858 !... Midi de brume triste comme un crépuscule... Jour de fin d'hiver gris et froid...

Trois petites filles pauvres sortent de la ville pour aller glaner du bois, le foyer étant mort chez elles. Elles emportent comme de coutume un panier pour ramasser, s'il s'en trouve, des os. Si elles avaient la chance d'en vendre cette fois pour un ou deux sous à la marchande de chiffons Alexine (1), quelle aubaine ! Ce serait de quoi acheter quelques sardines. Et ces sardines, même en ce jour du jeudi gras où tant de monde fait bonne chère, elles en rêvent comme d'un vrai régal...

Trottinant pour se réchauffer, elles s'acheminent vers la campagne. Deux d'entre elles sont sœurs, la troisième est une camarade de misère, une voisine. L'aînée des deux sœurs, que sa mère ne voulait pas d'abord laisser sortir parce qu'elle est délicate et fort enrhumée, porte des bas, de gros bas de laine bleus, percés de trous par où le froid la mord. Par surcroît de précaution, on l'a couverte encore d'un vieux capulet de laine blanc bien des fois lavé, et

(1). Elles avaient l'habitude de ramasser des os, du vieux fer, des chiffons, en échange desquels elles recevaient d'Alexine Baron, revendeuse, quelques sous. V. P. Cros, p. 8. Ce jour-là spécialement tel fut un des objectifs de leur sortie. V. P. Cros, p. 15.

« troqué devant l'église à un revendeur (1) », car on est trop pauvre pour acheter du neuf.

Ainsi encapuchonnée, on l'a enfin laissée partir. Cette frêle gamine de quatorze ans, mais qui en paraît douze à peine, est la petite personne sage de la bande.

Plus robustes, ses compagnes marchent bravement pieds nus dans leurs gros sabots, un mouchoir noué autour de la tête. Toutes trois, déjà dures à la misère, sont vêtues de minces robes d'indienne que perce la bise. Le froid est en effet piquant et l'air tout emperlé par instants de minuscules graines d'eau, d'une fine bruine glaciale qui mouille, comme on dit là-bas, sous la peau.

Par ailleurs, temps calme. Au ciel bas stagnent d'épaisses nuées comme des ouates appesanties, et, sur les prés, un peu de brume s'alourdit. L'oppression de la montagne proche pèse dans l'air.

Il y a loin de cette atmosphère terne, précise, attristante où le paysage hivernal, figé dans sa morne réalité, désenchante les regards, aux belles journées d'été peuplées par la lumière de

(1) P. Cros, *N.-D de Lourdes*, p. 12.

chatoiements et de reflets et où l'imagination prend si volontiers son vol. Bref c'est un vilain temps pour cette dure expédition de fillettes. Pourtant elles n'en sont pas trop attristées; l'hiver et la misère ont peu de prise encore sur leur insouciante enfance. Leur seule inquiétude présente c'est de trouver du bois : pour cela où aller ?

Or, voici qu'auprès du pont, dans la prairie dite du Paradis, elles rencontrent une vieille femme, Pascaline Lavit, la seule qui porte encore « cornette blanche à l'ancienne mode (1) ». Interrogée, elle engage les enfants à se diriger vers le Gave.

Mais un peu plus loin se présente Marie Samaran dite la Pigouno, une parente des fillettes. Elles lui demandent aussitôt conseil : « Tata, disent-elles, où trouverions-nous du bois sec ? » — « Dans la prairie de M. de la Fitte, il a fait abattre des arbres, vous ramasserez les branches (2). »

Délibérément les petites avancent : et voici, déployée en demi-cercle dans la courbe du Gave, la prairie.

(1) P. Cros, *N.-D. de Lourdes*, p. 353.

(2) P. Cros, *N.-D. de Lourdes*, pp. 12 et 13.

Sans tarder elles traversent le canal qui les en sépare sur la passerelle du moulin de Savy alors en réparation, et les voilà dans le pré, dans l'immense pré où, tour à tour, l'été pousse ses hautes marées d'herbes, et l'automne allume, en milliers de pâles veilleuses, ses colchiques d'un violet si doux.

Mais à ramasser ces branches tombées sur le bien de M. de la Fitte, l'aînée se sent envahie d'une timidité, d'un scrupule : si on allait les prendre pour des voleuses ?... Elle s'éloigne, entraîne ses compagnes, et voici qu'une idée enfantine lui survient : « Si nous suivions le canal pour voir où il va ? » Les autres répondent en se moquant : « Et s'il va jusqu'à Bétharram, irons-nous (1) ? »

Bétharram est à trois lieues et, pour ces gamines, c'est le bout du monde.

Pourtant elles longent quelque peu le cours d'eau, mais la prairie se rétrécissant bientôt, elles se trouvent engagées sur une mince chaussée de cailloux enserrée entre le canal et le Gave. Sur la rive dont un filet d'eau seul les sépare, dans de grands rochers gris parmi les pentes

(1) P. Cros, *N.-D. de Lourdes*, p. 13.

broussailleuses, une grotte bée. Curieusement elles regardent, car c'est la première fois qu'elles viennent là.

Or à l'entrée de cette grotte elles aperçoivent une jonchée de bois mort entraîné par la dernière crue, puis des os. Quelle trouvaille ! Et par chance, l'écluse fermée pour la réparation du moulin ayant mis le canal presque à sec, elles vont pouvoir traverser...

Aussitôt décidées, les deux plus jeunes lancent nardiment leurs sabots sur l'autre rive, et descendent pieds nus dans le courant parmi les pierres. L'eau glacée leur serre les chevilles, elles crient.

Leur compagne hésite, à cause de son rhume, à quitter ses bas, à entrer dans l'eau si froide. Prudemment elle laisse les autres passer d'abord, pour voir. Bien lui en prend car l'eau, plus profonde qu'elle ne semblait, leur monte soudain jusqu'au genou et vivement nos exploratrices retroussent, pour ne pas les mouiller, leurs robes. Mais l'aînée, craignant peut-être, dans sa délicatesse instinctive de petite fille de quatorze ans, qu'on ne les aperçoive, les interpelle : « Baissez donc vos jupes ! (1) »

(1) P. Cros, *N.-D. de Lourdes*, p. 13.

Sa sœur obéit, mouille le bas de sa robe, mais Jeanne Abadie n'a cure de l'avertissement. Toutes deux, parvenues à la rive, s'accroupissent pour réchauffer sous leurs vêtements leurs pieds glacés par le bain « et se mettent à crier au froid (1) ».

Et l'aînée reste là plus indécise et plus craintive devant cette eau dont elle appréhende le contact glacial. Elle essaie bien d'y jeter de grosses pierres pour se faire un pont, mais le flot les couvre.

Voyant sa détresse, sa sœur cadette gentiment lui propose de venir la passer sur son dos. « Non merci, lui répond-on, tu tomberais dans l'eau et moi avec... mais si Jeanne voulait. (2) »

Or Jeanne Abadie, la plus vigoureuse des trois, indirectement interpellée ainsi, riposte, piquée qu'elle est par la réprimande des jupes : « Nom d'un tonnerre, tu n'es qu'une mijaurée, si tu veux traverser, traverse, sinon reste là. (3) »

Et comme l'aînée avec son tact exquis d'enfant très douce lui fait encore un reproche de ce juron, pas bien gros à la vérité, Jeanne mécon-

(1) ESTRADE, *les Apparitions de Lourdes*, p. 41.

(2) P. CROS, *N.-D. de Lourdes*, p. 14.

(3) *Ibid.*, p. 14.

tente, et qui, elle l'avouera souvent plus tard avec un sourire mouillé de larmes, est « méchante ce jour-là », entraîne avec humeur la cadette vers la Grotte. Toutes deux, sans plus s'inquiéter de leur compagne, y ramassent les os et les branches, puis continuent leur cueillette sous les arbres au long de la rivière. Elles s'éloignent...

Et l'abandonnée demeure toute triste, au bord de cette eau hivernale et glacée. Elle s'avance pour voir si le canal ne serait pas moins profond ailleurs. Hélas, non ! et c'est à deux pas d'ici qu'il se jette au Gave. Alors elle revient devant la Grotte, résignée, résolue à passer quand même. Elle commence à tirer ses bas...

Or, comme, baissée, elle vient d'enlever le premier, une soudaine rumeur traverse l'air, semblable à un grand coup de vent dans des feuillages. Surprise, car le temps était calme, l'enfant se relève, regarde : rien ne bouge (1). Les peupliers de la prairie dressent leurs silhouettes dénudées, comme de longues racines poussées dans le ciel. Pas un souffle ne les agite... Calme absolu en l'air !

(1) « Je me tournai du côté de la prairie, dit-elle, et je vis que les arbres ne remuaient pas du tout. » (P. Cros, p. 16.)

Le bruit est tombé !

Cette petite, qui n'est pas une imaginative et qui a des sens sains de paysanne, s'étonne de son erreur. Quelle drôle de chose ! Pareille aventure ne lui était jamais arrivée. Peut-être tout de même que ses oreilles ont tinté !...

De nouveau, elle se baisse, achève de se déchausser. Mais au moment de mettre son pied nu dans l'eau, à cet instant critique où elle est toute à l'inquiétude du frisson qui va la saisir, une nouvelle rumeur, un souffle violent, précis, indubitable, « pareil à un bruit d'orage » (1), s'élève, passe...

Du coup elle a peur, elle se redresse toute droite, pieds nus, et là, devant elle, elle *voit*, au-dessous d'une ouverture ogivale de la grotte, un buisson d'églantier, agité *seul* inexplicablement, car « rien ne remuait tout autour » (2).

Et de suite avant qu'elle ait eu le temps de revenir de sa surprise, une lueur sort de l'ogive, un léger nuage d'or enveloppant une jeune fille toute blanche, très belle et qui salue en souriant...

(1) ESTRADE, *les Apparitions de Lourdes*, p. 42.
(2) P. CROS, *N.-D. de Lourdes*, p. 16.

... Il est midi, l'heure où l'Angelus sonne au cœur des paroisses, à tous les clochers des Pyrénées, pour chanter qu'un jour, il y a dix-huit siècles, un ange est apparu à une humble vierge de Judée et l'a saluée en lui disant qu'elle serait la Mère de Dieu... (1).

. . . . . . . . . . . . . . . . . .

Mais laissons Bernadette — car on l'a reconnue devant la grotte de Massabielle — raconter elle-même cette apparition : « J'eus peur, dit-elle, je voulus appeler les deux petites, je n'en eus pas le courage. Je croyais me tromper... Je frottais mes yeux, je les fermais, je les ouvrais, mais la fille était toujours là, continuant à me sourire (2) et me faisant comprendre que je ne me trompais pas... Elle me faisait signe d'approcher... Mais j'avais encore peur... Pourtant ce n'était pas une peur comme j'en ai eu d'autres fois, puisque je serais restée toujours pour regarder cela, au lieu que quand on a peur on s'en va vite...

(1) Ce jour était aussi celui où l'on célébrait la fête de sainte Geneviève, patronne de toutes les bergères de France.

(2) Ailleurs Bernadette ajoute ce mot charmant : « Elle me regarda et me sourit... comme si elle avait été ma mère. » (ESTRADE, p. 42.)

Alors l'idée de prier me vint. Je mis ma main dans ma poche, je pris mon chapelet, je m'agenouillai, je voulus faire le signe de la croix, mais ne je pus pas porter la main à mon front, elle me tomba (1). »

Il fallut en effet que la Dame se signât elle-même pour que Bernadette pût en faire autant. « Ma main tremblait, dit-elle, j'essayai de nouveau de faire le signe de la croix, je pus le faire, après quoi je n'eus plus peur (2). » Sublimité de cette naïve et profonde parole, de ce mot d'enfant ou de saint, cette petite a chassé la crainte en se couvrant du signe de la croix...

« Je passai mon chapelet.., continue-t-elle en son humble langage; la fille faisait courir les grains du sien, mais elle ne remuait pas les lèvres (3). »

Et comment en effet la Vierge eût-elle su prononcer cette salutation angélique qui était sienne, se réciter à elle-même sa louange, s'adresser sa propre oraison. Ne lui suffisait-il

(1) P. Cros, *N.-D. de Lourdes*, p. 16, et Estrade, *les Apparitions de N.-D. de Lourdes*, p. 43.

(2) P. Cros, *N.-D. de Lourdes*, p. 17.

(3) *Ibid.*, p. 17.

pas d'écouter résonner doucement en son cœur l'écho de cette enfantine prière.

Tout en passant son chapelet, Bernadette regardait « tant qu'elle pouvait » celle dont elle ignorait encore la qualité, et qu'elle appellait en son patois, ingénument, « la fille » (1). Dès ce jour elle la vit et la dépeignit en ses détails telle qu'elle l'a toujours vue et dépeinte depuis, sans rien omettre, sans rien changer; dès ce premier instant l'image fut en elle précise, complète, parfaite.

C'était celle d'une très jeune fille ou d'une toute jeune dame, on ne sait trop, car la vision joignait la grâce d'un enfant (2) au charme d'une femme. Son visage était d'une beauté merveilleuse, son sourire d'une infinie bonté. Son corps n'était qu'une longue robe blanche,

(1) Bernadette n'avait pas du tout la présomption de croire que c'était la Sainte Vierge. Aussi disait-elle vulgairement, en en parlant, « la fille » ou bien « aquero » : cela ; et quand elle s'adressait à la vision, elle lui disait simplement « Madamo ou Madamizelo », « Madame ou Mademoiselle ».

(2) La Vierge était *petite*, « pas plus grande que moi », disait Bernadette qui était menue pour ses quatorze ans, et de toutes les reproductions elle ajouta : « Elle était plus jeune. »

tombant très bas jusqu'aux pieds qui dépassaient seuls, fleuris de miraculeuses roses d'or. Un voile couvrait son front, une large ceinture bleue serrait sa taille. Et c'est tout !

Mais comment exprimer avec les lourds mots d'ici-bas, avec les phrases coutumières, l'éblouissement de cette étoffe tissée au ciel ? Sa blancheur surpassait celle des dernières tombées de neiges pyrénéennes, et jamais robe au monde ne ressembla à cette robe que celle du Christ à l'heure de la Transfiguration, que ce vêtement resplendissant de pureté dont les apôtres tout émus encore disent « qu'aucun foulon sur terre n'en saurait blanchir de pareil (1) ».

Et la ceinture, la longue ceinture virginale, de quel azur précieux était-elle teinte pour que jamais plus Bernadette n'en ait retrouvé la nuance ni dans les mille échantillons de soies présentées, ni dans les corolles des fleurs, ni dans les lointains vaporeux des montagnes, ni dans les ciels d'été, les plus purs, les plus doux...

Du bout des doigts la Dame égrénait encore un admirable joyau, un chapelet d'or aux perles

(1) Marc, IX, 2.

translucides et blanches, aux perles de prières.

... Et ceci n'est que l'enveloppe matérielle, mais l'apparition même, la Vierge, son visage, son regard, son sourire, comment, non pas certes les dépeindre, mais seulement les imaginer? Comment hausser son rêve jusqu'à cette suprême beauté ?

Désespoir de l'artiste! son idéal, si pur soit-il, reste toujours mêlé d'argile humaine. Il ne peut rien concevoir qui dépasse les données terrestres et c'est pourquoi, de toutes les reproductions tentées (1), l'inexperte petite bergère a su dire ce mot très décourageant : « Comme c'est laid ! »

O ce front de vierge et de sainte, ces yeux où les plus pures tendresses, les plus saintes tristesses ont passé, et ces indéfinissables sourires, qui ravissaient à tel point cette petite pastoure, qu'elle en demeurait extasiée, l'âme toute imprégnée de beauté!

Si douce était cette contemplation « qu'elle aurait voulu rester là toujours (2) » égrenant

(1) La meilleure a mérité de la part de Bernadette ce compliment bien mélancolique encore: « C'est la moins mal ! »

(2) P. Cros, *N.-D. de Lourdes*, p. 17.

à ses pieds son humble chapelet, en prières sans prix. Mais au dernier *Ave*, la dame salua avec un suprême sourire, recula dans la niche, disparut.

... Et l'enfant se retrouve à genoux sur les pierres, au bord de l'eau courante, devant la grotte vide... Étonnée, elle jette les yeux autour d'elle, mais tout lui semble dur, sombre, désenchanté « comme si les choses tout à coup avaient perdu leur couleur (1) ». Une tristesse l'envahit, faite du regret de ne plus voir et du désir de voir encore, de demeurer là toute sa vie...

A ce moment, — au bout d'un quart d'heure environ : le temps du chapelet, — Jeanne Abadie et sa sœur reviennent, avec leur charge de bois mort. Voyant Bernadette à genoux à la même place et nu-pieds, elles se moquent d'elle. Sa sœur lui jette même deux petites pierres, mais la voyante ne bouge pas. Alors la cadette prend peur et dit : « Est-ce qu'elle serait morte ? » Mais Jeanne la rassure : « Si elle était morte, elle serait couchée (2). »

Bernadette enfin se lève et sa sœur impatientée lui crie : « Es-tu bête de prier là sur ces pierres ! » Jeanne la traite aussi de « bigote »

(1) Pouvillon, *Bernadette de Lourdes*, Plon, p. 64.

(2) P. Cros, *N.-D. de Lourdes*, p. 18.

et de « paresseuse »; et toutes deux se mettent à danser devant la grotte pour se réchauffer.

Très douce, la petite voyante répond : « Les prières sont bonnes partout (1), » puis, apercevant des ouvriers qui, de l'autre côté du Gave, regardent danser les fillettes aux jambes nues, elle leur demande de cesser (2).

Et à son tour elle descend dans le canal pour les rejoindre. Mais quelle surprise : l'eau soi-disant glacée de tout à l'heure lui semble tiède.

« Petites menteuses, dit-elle avec un sourire à ses compagnes, vous prétendiez que l'eau était froide et je la trouve douce comme l'eau de vaisselle (3). » — « Tu as bien de la chance, ripostent celles-ci, elle nous a joliment glacées nous autres. »

Tout en remettant ses bas, ses sabots, Bernadette, émue encore de cette vision qu'elle ne comprend pas, demande à ses amies si elles n'ont rien vu d'extraordinaire. « Non, et toi ? »

(1) P. Cros, *N.-D. de Lourdes*, p. 19.

(2) *Ibid.*, p. 388.

(3) *Ibid.*, p. 19.

répondent-elles, sentant bien à son air qu'il s'est passé quelque chose. Mais la petite voyante n'ose avouer. « Oh ! alors rien (1) », fait-elle indirectement sans vouloir mentir.

Les fagots partagés, Jeanne Abadie, qui s'est mouillée et qui a froid, repart tout de suite avec sa charge de bois et le panier d'os. Les deux sœurs à leur tour escaladent la dure pente de rochers, et Toinette, qui voit bien que Bernadette n'est pas comme à l'ordinaire, à plusieurs reprises l'interroge : « Tu as eu peur ? Pourquoi étais-tu à genoux ?... »

D'abord l'enfant ne veut pas répondre, craint de divulguer la merveilleuse aventure ; enfin, poussée à bout, elle révèle tout à sa sœur sous le sceau du plus grand secret.

Mais voilà Toinette partie à se moquer : « Une fille blanche ! Quelle histoire ! C'est une roche blanche que tu as vue. » Bernadette toute grave répond : « Non ! non. Je suis sûre, je l'ai bien vue ! »

En chemin, Toinette réfléchit que les rochers de Massabielle ne sont pas blancs, mais gris ; puis l'air de Bernadette l'impressionne. Bien

(1) P. Cros, *N.-D. de Lourdes*, p. 19.

sûr, il s'est passé quelque chose là-bas ! De retour à la maison, elle n'y peut plus tenir et, profitant de ce que sa mère l'attire sur ses genoux dans la fenêtre pour la peigner, à voix basse, malgré sa promesse, elle lui conte l'affaire.

L'humble femme est bouleversée. « Pauvre de moi, que me dis-tu là ! » s'exclame-t-elle (1). Pas un instant d'ailleurs elle ne songe, non plus que Toinette, que Bernadette puisse les tromper: Bernadette ne sait pas mentir. Mais sa fille deviendrait-elle folle ? Ou aurait-elle vu le démon ? Elle appelle l'enfant et la gronde : « Ce sont tes yeux qui t'ont trompée; c'est quelque pierre blanche que tu as vue ! » — « Non, non, répond Bernadette, elle a une si jolie figure (2). » — Le père, qui est au lit malade et qui entend à demi, croit que c'est quelque chose de mauvais et menace : « Ah ! tu veux commencer à faire des sottises... (3) »

Et tous deux défendent sévèrement à l'enfant de retourner là...

(1) P. Cros, *N.-D. de Lourdes*, p. 20.

(2) *Ibid.*, p. 20.

(3) *Ibid.*, p. 20.

C'est ainsi que le 11 février 1858, par un jour d'hiver gris et froid apparut à Bernadette Soubirous dans la grotte de Massabielle une dame très jeune, très belle, véritablement « pleine de grâce » : la dame du Paradis.

# CHAPITRE II

## LA FAMILLE SOUBIROUS

Mais, qu'était cette petite Bernadette et qu'étaient ses parents? Il importe de le savoir pour connaître la valeur morale des héros de notre histoire et la confiance qu'ils méritent. L'on comprendra mieux aussi quels privilèges sont la pauvreté et la bassesse aux yeux de Dieu en le voyant choisir une des plus humbles tiges humaines qui fût pour y épanouir la merveilleuse fleur du Surnaturel.

### 1° *Les parents de Bernadette.*

Les Soubirous, parents de Bernadette, de meuniers aisés étaient devenus peu à peu de très pauvres gens. D'abord locataires du moulin de Boly à Lourdes, ils y passèrent les dix premières années de leur mariage dans la monotonie de l'obscur travail quotidien, gagnant peu et n'épargnant guère. « Ils vécurent dans une sorte de torpeur insouciante qui les fit tomber, d'échelon en échelon, jusqu'aux bas fonds de la misère (1). »

Ce n'est pas qu'on pût rien leur reprocher de grave, mais ils manquaient de cette ambition qui est l'idéal du bon ouvrier. Ils étaient faibles et généreux pour ne pas dire indolents et dépensiers. François Soubirous avait pris l'habitude de moudre à crédit, et n'osait par timidité réclamer de longtemps les paiements. Puis, sans rechigner à l'ouvrage, il se montrait naturellement un peu lent au travail, un peu négligent de ses affaires. Il n'était pas non plus trop économe et, sans se débaucher, « il aimait un brin le cabaret et les cartes (2) ». Tous luxes d'ouvrier riche et que les modestes gains du métier, un bien petit métier s'il en fût, ne permettaient pas.

La femme, Louise Castérot, était douce, polie, propre, rangée, et bonne épouse. Mariée

(1) ESTRADE, *Histoire des Apparitions*, p. 20.
(2) P. CROS, *N.-D. de Lourdes*, p. 6.

à dix-sept ans, elle avait eu six enfants dont quatre survivaient qu'elle élevait de son mieux. Sa grande tendresse pour son mari l'empêchait malheureusement de le pousser au travail, de l'arrêter au seuil du cabaret, de réglementer en ferme ménagère et la besogne et les dépenses. Elle non plus, d'ailleurs, n'était pas une débrouillarde et se montrait bien trop généreuse. Au moulin de Boly, les femmes, qui tout le long de la journée venaient apporter leur grain, trouvaient toujours table garnie, « avec pain, fromage et vin (1) ». Peu de chose, dira-t-on, trop encore, car à la longue cela faisait brèche. Et c'est ainsi qu'ils s'enlisèrent dans une sorte de demi bien-être insensiblement décroissant. Peu à peu le sol ferme se minait sous eux, préparant une lente ruine; et quand au bout de dix ans le jour vint où, endettés, ne pouvant acquitter leur loyer, ils durent abandonner leur gagne-pain, le moulin, la misère d'un seul coup les engloutit et se referma sur eux.

Alors les jours de malheur commencèrent. D'abord ils trouvèrent aux environs, à Arcizac-sur-Anglés, un autre petit moulin; mais,

(1) P. Cros, *N.-D. de Lourdes*, p. 6.

entrés sans avances, ils furent tôt obligés de le quitter. Les voilà de retour à Lourdes logeant dans une masure du quartier pauvre. La mère, accablée d'enfants, était prise tout le temps chez elle; l'homme, par-ci, par-là, gagnait des journées, mais n'en trouvait pas tant qu'il aurait fallu. Et les jours de chômage avaient des lendemains sans pain. L'on vit alors, paraît-il, un des petits frères de Bernadette « détacher avec ses ongles, pour la manger, la cire tombée sur les dalles de l'église au service des morts » (1).

C'était donc la vraie misère, la misère noire: le foyer éteint, les assiettes vides, le froid, la faim.

Et c'est par un de ces après-midi de disette qu'en allant ramasser du bois mort, la pauvre petite Bernadette vit la Dame éblouissante et douce qui devait transformer et sa vie et le monde...

Faut-il s'étonner qu'en un tel dénuement, certain soir de pressante détresse d'avant les apparitions, François Soubirous ait enlevé quelques morceaux de bois sur la voie publique, écorné un stère dans la rue? Il le fit, et assurément il eut tort; mais qui donc, dans

(1) P. Cros, *N.-D. de Lourdes*, p. 5.

la société, peut se croire assez probe lui-même pour n'avoir jamais nui en rien à son prochain ; assez charitable pour jeter la pierre à ce père aux abois dont les enfants claquaient des dents, pleuraient de faim ? Un tribunal l'eût acquitté aujourd'hui, mais alors, les mœurs étant plus pures et partant plus sévères, le pauvre homme dut payer son crime de quelques jours de prison.

Doit-on dire pour cela qu'il était voleur ? Non, certes ! Sa fierté, sa délicatesse même étaient telles qu'elles l'empêchèrent jusque dans la pire indigence de quémander et de mendier; et son désintéressement allait si loin qu'il refusa toujours plus tard les présents dont les admirateurs de sa fille voulurent le couvrir. Mais alors, poussé par l'extrême besoin, il avait pris véritablement pour subsister.

Quoi qu'il en fût, vis-à-vis du peuple la prison n'en était pas moins la prison, et, par elle, le discrédit venait de s'ajouter à la misère !

A ces malheureux advint un dernier malheur : le toit même un jour leur manqua. Faute de pouvoir payer leur loyer, ils furent chassés de leur masure et se trouvèrent dénués de tout dans la rue. Dans cette terrible extrémité, ils se souvinrent fort à propos qu'un de leurs cousins avait acheté l'ancien pénitencier de la ville, et qu'il s'y trouvait une pièce inutilisée, inutilisable peut-être. Quelle qu'elle fût, n'était-ce pas bon encore pour des gens sans gîte. Ils obtinrent par grâce, de leur parent André Sajoux, la permission de loger dans cette salle basse, humide, obscure, malsaine et malfamée qu'on appelait à juste titre : le cachot. Le mobilier se composait de deux lits, une table, quelques chaises, une malle, des assiettes de terre, c'est à peu près tout (1). Dans ce cachot ils vécurent longtemps, tristes prisonniers de la misère. Mais la gêne, loin de les dégrader comme tant d'autres, les ennoblit tant ils mirent de résignation à la supporter. « Ils ne demandaient rien à personne, rapporte leur voisin Sajoux, ne se plaignaient de rien, ils auraient crevé plutôt... Jamais vous ne les auriez entendus crier qu'ils avaient faim et que de fois j'ai vu Bernadette, Toinette, Jean-Marie et le petit Justin rire et sauter le ventre vide (2)... »

Ainsi, loin d'aigrir le cœur des parents, de les désunir, de les rendre injustes et durs à leurs

(1) P. Cros, *N.-D. de Lourdes*, p. 5.

(2) P. Cros, *N.-D. de Lourdes*, p. 342.

enfants, de les faire sombrer dans la débauche et dans le vice, cette misère, chrétiennement acceptée et courageusement combattue, fut pour eux une rénovation ; cette montée de souffrances se changea en une ascension vers le mieux. Les époux vivaient tendrement unis : « Jamais, dit le même témoin, il n'y avait une *raison* entre eux, jamais je n'ai entendu un mot méchant de l'un contre l'autre (1). » Et ces pauvres qui n'avaient pas toujours du pain pour toutes les bouches, loin de se soustraire comme tant de ménages fortunés à leurs devoirs conjugaux, se trouvaient assez riches de cœur pour fonder une nombreuse famille. A leurs six enfants, devaient en effet s'en ajouter encore trois autres.

Loin aussi de se laisser abattre par les circonstances déprimantes, aiguillonné plutôt par le besoin, le père s'était mis à travailler de toutes ses forces, du moins quand il trouvait à s'employer ; et la mère, laissant la garde de la maisonnée à Bernadette devenue grande, n'emportant que son dernier-né au sein, réussissait aussi à faire quelques journées au dehors.

(1) P. Cros, *N.-D. de Lourdes*, p. 342.

Bons parents, ils élevaient leurs enfants sévèrement mais sans dureté, dans la dépendance de leur autorité et le respect de Dieu. Et parce qu'il n'y avait chez eux ni mal ni envie, mais union seule et tendresse, leur foyer, en dépit de la pauvreté, était presque heureux.

Et chaque soir dans le cachot les petites voix enfantines, mêlées aux voix graves des parents, s'élevaient pour demander au Seigneur de *donner* le pain quotidien si nécessaire et plus encore de *pardonner* les offenses commises envers Lui.

## 2°. — *Bernadette.*

Bernadette, la première née du ménage, avait été reçue dans la joie au temps de l'apparente aisance du moulin de Boly. Mais au bout de cinq mois, un accident obligea la mère désolée à se séparer de l'enfant. Un soir qu'en allaitant son bébé elle s'était endormie de fatigue au coin du feu, la chandelle de résine lui tomba sur la poitrine, la brûla... elle perdit son lait. Il fallut trouver une nourrice.

Justement, une brave femme de Bartrès, petit village voisin, cherchait à remplacer son nourrisson qu'elle venait de perdre. Elle prit Bernadette.

Au bout de vingt et un mois, elle la rapporta, trop petite bien entendu pour avoir pu conserver aucun souvenir de ce premier séjour à Bartrès. Mais à la campagne le lait crée un lien comme le sang. Aussi la femme Lagües, de passage à Lourdes les jours de marché, avait-elle toujours au fond de son vaste panier de paysanne une pomme, des châtaignes ou des noix, bref quelque gâterie pour la petite. Et, à son tour, Bernadette grandie ne manquait jamais, tous les ans, d'aller à Bartrès embrasser sa mère nourrice.

Parfois même, elle y fit, pendant la belle saison, un séjour plus prolongé, y demeurant une semaine, voire un mois ; mais en somme, sa prime enfance s'écoula toute au moulin de Boly jusqu'à ses dix ans, jusqu'au jour où ses parents en furent chassés par la misère. C'est donc là qu'il faut placer le cadre de ses impressions premières.

Son éveil à la vie se fit dans le grondement de la roue, au bruit sourd de l'eau qui tombait, parmi la farine blutée qui couvrait tout insensiblement, gens et choses, d'une légère poudre blonde.

Qu'on ne se figure pas pourtant la demeure des Soubirous comme tels de ces poétiques moulins qui barrent l'eau lisse des rivières d'une soudaine cataracte de verre filé. Qu'on ne rêve pas des jeux émerveillés de Bernadette au bord d'une eau limpide, miroir de clarté toujours si cher aux enfants. Non !

Pour savoir à quel point un moulin peut être gris, triste, privé d'espace et d'air et d'eau, il faut avoir vu les moulins de Lourdes. Perdus au cœur de la ville, au long d'une ruelle basse — la rue des Moulins — accroupis sur le Lapaca, l'étroit courant qui les meut, comme pour cacher à la fois sous leurs vieilles robes de pierre, l'insuffisance de ce ruisseau et la pauvreté de leur mécanisme, ils s'épaulent misérablement les uns les autres. Et dans les intervalles où ils s'écartent, l'on aperçoit passer un maigre filet d'eau terne, charriant de vagues détritus qu'on y jette comme à un égout.

L'intérieur de ces moulins borgnes, tout aussi lamentable, se compose invariablement d'une grande salle basse aux épaisses solives, prenant un jour douteux moins par l'étroit carreau voilé de toiles d'araignées que par la porte toujours ouverte sur la rue. Du parquet aux planches mal jointes monte la constante humidité de la rivière.

Un immense coffre à farine tient tout un côté de la pièce dont une sorte de colossal bahut renversé occupe le milieu. C'est dans cette vaste boîte que la roue — ou les roues, car d'ordinaire il y en a deux — actionnent les meules par un très primitif système. Au-dessus de ces meules, un berceau en bois plein sert d'entonnoir pour verser le grain ; au-dessous, un tuyau de bois, pareil à ceux des pressoirs, crache par secousses la poudre blonde du blé dont le meunier palpe une poignée de temps en temps.

Toute la journée c'était au moulin de Boly un lent défilé de femmes avec leur petit sac de blé ou de maïs sous un bras, leur bébé sous l'autre. Elles s'asseyaient dans le clair-obscur que tamisait encore le voile flottant de la farine, allaitaient leur nourrisson et bavardaient en attendant leur grain moulu.

Il y a donc loin de nos riches minoteries modernes à ces humbles et vieillots moulins dont la machinerie désuète ne pouvait guère moudre plus de deux sacs par jour et par meule. Encore à la condition que le Lapaca eût de l'eau ; car ce pauvre ruisseau s'épuisait parfois et l'on chômait alors bien forcément. Ces jours-là, la maison était toute muette et il devait sembler à la petite Bernadette que quelque chose était mort chez ses parents.

Dans ce pauvre décor elle grandit douce, simple, bonne et joyeuse. Pourtant sa gaieté naturelle était tempérée par un des plus grands chagrins qui puissent gâter la vie d'un enfant : la délicatesse de santé et la nécessité de prendre d'incessantes précautions. Frêle de naissance, elle avait tôt ressenti, en effet, les premiers symptômes de l'asthme qui devait tant la tourmenter plus tard. Sa petite poitrine se déchirait parfois de quintes de toux et alors plus d'escapades, plus de jeux, c'étaient les longues journées moroses, passées au coin du feu à garder la maison.

Mais comme elle s'en dédommageait ensuite ! De quel cœur elle prenait part aux amusements de ses compagnes, surtout au jeu des épingles ou à celui des osselets qu'elle affectionnait particulièrement, dit son amie Jeanne Abadie, et pour lequel elle réservait toutes les arêtes de morue de ses repas. Elle aimait aussi à créer dans le sable de petits jardinets éphémères avec des fleurs cueillies dans les printanières prairies.

Lorsque ses parents, réduits à la misère, quittèrent le moulin de Boly, sa santé, faute de remèdes et de nourriture suffisante, empira. Compatissante et plus fortunée que sa mère, sa tante et marraine BernardeCasterot la prit alors chez elle et lui donna ses enfants à soigner. Durant deux ans, lever, laver, vêtir, promener, pouponner les petits, puis éplucher les légumes, balayer, faire les lits et le ménage fut sa besogne journalière. Semblable à tant d'autres fillettes pauvres, à peine sortie de nourrice, elle devint nourriceà son tour; enfant elle était déjà presque mère, et ses seules poupées furent des bébés à bercer.

Au bout de ces deux ans Bernadette rejoignit ses parents dans la salle humide du cachot. Triste logement, ai-je dit : une seule pièce basse donnant sur un couloir noir comme terre, et prenant jour sur une cour obscure. Comme parterre sous la fenêtre : un fumier; comme horizon à quatre pas : un vieux mur sale. La mélancolie de ce mur d'en face plein de lézardes et d'éclaboussures, seule toile de fond où Bernadette pût poser ses rêveries enfantines ! Et dans ce cachot et cette cour de prison ses douze ans s'épanouirent joyeux encore.

Carà distance, à la réflexion, ce qui frappa surtout plus tard ses petites camarades d'alors, fort pauvres elles-mêmes, c'est le contraste de simplicité sereine avec laquelle l'enfant acceptait la bassesse de cette situation. Nulle apparence de dégoût ni pour cet intérieur de misère, ni pour cette cour empuantie, ni pour les tristes et serviles besognes auxquelles ses mains délicates étaient condamnées. La grâce de son âme ennoblissait tout. « Que de fois, nous dit Jeanne Abadie, la trouvai-je mangeant sa pauvre écuellée de soupe sur la pierre de la fenêtre devant ce mur et ce fumier... elle souriait. » Et dans la promiscuité forcée de cette pièce unique encombrée de six personnes réduites à deux lits et un berceau, songeons, avec un profond respect, qu'elle sut demeurer toujours exempte de curiosités malsaines, rester la petite fille aux grands yeux tellement purs que la Vierge ne trouva rien de plus limpide pour se refléter ici-bas...

Quel exemple pour ceux dont la conscience végète avec effort dans le terreau de leur richesse et de leur luxe que cette merveilleuse fleur d'âme poussant vivace — telles les étonnantes fleurs des vieux murs — sur cette brèche aride de la pauvreté.

Mais si le caractère de l'enfant gagnait en

grâces, sa santé dans le froid malsain du cachot ne s'améliorait pas. Non que Bernadette fût de tempérament maladif, ni surtout nerveux ; jamais moral ne fut plus sain. Mais ses crises d'asthme, seuls symptômes d'infirmité qu'elle présentât alors, minaient sa constitution naturellement frêle ; et la vie de privations qu'elle menait aggravait encore en elle l'emprise de la maladie.

En vain ses parents cherchaient-ils à lui adoucir parfois leur dur régime, ils ne pouvaient rien de plus que substituer pour elle seule à l'ordinaire pain de maïs un peu de ce pain blanc que tant d'enfants jettent quand il est sec (1). Si par hasard on parvenait à lui procurer quelque douceur supplémentaire, ses frères, aussitôt les parents partis, la lui disputaient âprement. Elle eût pu se défendre, se plaindre, mais quoi, frapper ces petits, les faire punir?... Elle cédait plutôt, non par faiblesse, car se sentant l'aînée elle savait fort bien les gronder quand ils faisaient mal, mais par bonté n'ayant pas le

(1) Jeanne Abadie nous apprend que le pauvre ménage se nourrissait en partie de couennes de lard et de têtes de sardine, et que les jours de morue étaient salués avec joie.

courage de garder pour elle seule tout le meilleur. C'était une petite nature charmante et douce, contente de tout, contente de tous, souriant au ciel...

En septembre 1857, n'ayant pas encore treize ans, Bernadette s'éloigna de nouveau des siens. Sa mère nourrice, la femme Lagües, la demandait pour garder les moutons, être pastoure Ses parents, la sachant en sécurité là-bas et songeant qu'elle absente ce serait une bouche de moins à nourrir, l'envoyèrent. L'enfant d'ailleurs n'arrivait pas à Bartrès en étrangère, puisque chaque année elle y avait fait une visite sinon un séjour.

Oh ! ce hameau de Bartrès, ce tranquille hameau caché tout au fond d'un large cirque aux douces pentes vertes comme au fond d'un puits de silence, de quelle exquise tranquillité, de quel calme infini ne jouissait-il pas ? Ayant abdiqué toute vue extérieure même sur les cimes des Pyrénées, il ne gardait de regard qu'en haut vers le ciel. Il n'était, en somme, qu'une poignée de maisons groupées autour de la petite église romane, intime comme une chapelle, ombragée de vieux arbres et vêtue de lierre, contre laquelle les tombes du cimetière se serraient davantage encore.

Tout au bout du village, près d'un clair ruisseau coulant sous de grands chênes, la maison des Lagües s'élevait. Bernadette n'y trouvait que figures et choses familières ; et même son berceau, un joli berceau en noyer sculpté — le luxe des pauvres — était encore là dans un coin. Seulement désormais au lieu de coucher au pied du lit de sa nourrice dans la grande salle blanche où battait l'horloge, elle reposait au bout de l'habitation, dans une sorte de buanderie, au plancher de terre battue. N'importe ; ici du moins avait-elle tout l'air pur de la campagne et cela valait infiniment mieux pour sa santé que le séjour sombre du pénitencier de Lourdes.

Bernadette passa ici dix-huit mois, les derniers mois qui la séparèrent des apparitions. C'en serait donc en quelque sorte la période de préparation (1), s'il pouvait y avoir d'autre pré-

(1) Dans un ouvrage d'un retentissement considérable, Zola a prétendu que les visions de Bernadette n'étaient que des hallucinations (Zola, *Lourdes*, Fasquelle, p. 97 et suiv., passim). Pour le prouver, il évoque d'abord une petite Bernadette « très superstitieuse » : « Jamais, dit-il, on ne l'aurait fait passer après le coucher du soleil près d'une tour du voisi-

paration à un événement surnaturel qu'une vie très simple et très pure.

Il est aisé d'ailleurs de reconstituer d'une façon exacte, grâce aux souvenirs de ceux qui l'ont

nage hantée par le diable. » Il la représente aussi comme d'une piété anormale, s'étourdissant à répéter la salutation angélique à longueur de journée, « jusqu'à l'hallucination », dit-il, et se suggestionnant ainsi peu à peu au nom de la Vierge.

Puis, par un nouveau stade, il la montre trouvant l'image de l'apparition dans les retables de l'église qu'elle fixait jusqu'à s'en hypnotiser, assure-t-il, durant les veillées d'hiver, à ce point « que la Vierge lui semblait sur le point d'ouvrir ses lèvres de vermillon pour lui adresser la parole ».

Enfin il prétend qu'elle reçut du récit de l'apparition de la Salette, que le curé de Bartrès aurait fait un jour en chaire, l'impulsion déterminante de ses propres apparitions.

On voit donc bien le système : Bernadette trouve dans la suggestion constante de sa solitude de prières le germe de l'hallucination ; dans la contemplation excessive des personnages du retable, elle trouve la forme de sa vision ; et dans l'exemple de Mélanie et de Maximin elle puise l'excitation propice.

C'est fort habilement déduit ; malheureusement pour l'auteur de ce conte malsain, toutes ses allégations sont de pure invention. Il suffira pour le prouver de dire que Bernadette ne pouvait craindre de passer auprès d'une

connue, son existence journalière si réglée et si tranquille de petite bergère.

Tôt levée, l'été avec joie dans la légère brume bleue qui montait des prés, l'hiver à regret sans doute mais courageusement tout de même dans l'obscurité froide que la lumière

tour hantée du voisinage parce qu'il n'existe pas de tour auprès de Bartrès ; et que l'enfant, de l'avis de ceux qui la connurent, n'était nullement superstitieuse et point exagérée en prières.

Elle ne s'est pas davantage suggestionnée aux veillées devant les retables, parce qu'il n'y eut jamais de veillées dans l'église. D'ailleurs ces retables ne présentent aucun type de Vierge mais des scènes de la vie de saint Jean-Baptiste. La seule statue de Vierge que possède l'église est celle d'une Madone toute dorée et tenant sur le bras l'enfant Jésus, bien différente par conséquent de la blanche jeune fille de Massabielle.

Enfin, de l'avis de tous les habitants qui protestèrent par la voix du maire de Bartrès contre la façon dont on avait travesti le caractère de leur petite compatriote, il a été reconnu que le curé de Bartrès n'avait jamais parlé de Mélanie et de Maximin en chaire. Et Bernadette, longtemps après ses apparitions, ignorait encore celles de la Salette.

Pour plus ample réfutation de l'hallucination nous renvoyons à son étude spéciale, p. 258 et suiv. Il suffit de constater pour l'instant que toutes les affirmations de Zola sont fausses, ce qui d'ailleurs n'a rien d'étonnant puisqu'un

de la chandelle perçait d'un frêle halo d'or, Bernadette soignait d'abord le bétail de la maison.

Puis, son petit panier au bras, elle s'acheminait vers la bergerie tapie sous les châtaigniers, dans la colline, à cinq minutes du village. Elle passait le ruisseau, dépourvu de pont alors, mais si mince qu'on pouvait, en été, le franchir d'un bond, tournait devant la croix de bois qui garde la route, puis s'engageait dans l'étroit chemin creux aux murettes de pierres, enguirlandées de ronces. Son fidèle chien « Pigou » courait devant elle. Par la belle saison, c'était une exquise promenade dans l'air pur, vif et frais du matin ; mais l'hiver, à travers la charpie grise des brumes et des pluies, par les chemins boueux et glissants, elle avançait péniblement et déjà toussait.

Enfin par les prés s'étageant, clos de haies vives, elle montait jusqu'au bien des Lagües : un coteau, ombragé d'une vingtaine de vieux

critique assurément bien impartial, M. Faguet, a pu écrire de leur auteur : « Zola avait l'horreur même de la vérité. »

Le danger de son œuvre n'en est pas moins grand à cause de l'apparente tendresse qu'il prodigue à la voyante, et de la réelle poésie qui se dégage de ces pages ; c'est un parfum qui empoisonne.

châtaigniers, entouré de prairies en pente et, dominé par une grande lande d'ajoncs : c'était tout le royaume de la bergère.

Là ses journées s'écoulaient égales et calmes, vides d'événements et pleines de grâces, nulles pour le monde et précieuses pour le Ciel, simples, limpides et pures comme des perles.

Sous les basses branches des arbres s'écrasait la vaste bergerie au toit de chaume où les moutons vivaient toute l'année parqués. En entendant le pas matinal de la pastoure, ils bêlaient; elle, bien vite, tirait la porte de bois, la même qu'on voit encore aujourd'hui protégée de trois petites croix peintes en rouge. Sitôt ouverte, le troupeau impatient sortait brusquement dans ce piétinement caractéristique, innombrable et rapide comme une pluie d'orage ; puis épandait dans la prairie sa houleuse marée blanche. L'enfant entrait alors pour délivrer les agneaux parqués à part dans un coin avec les mères. L'étable était large et sombre comme une église, toute tiède, et l'odeur du bétail y flottait doucement.

Les jours trop froids d'hiver, la bergère pouvait y rester au chaud, gardant de là son troupeau qui, sous l'œil vigilant de Pigou, ne s'écartait guère. Autrement il n'y avait qu'à suivre les animaux qui d'eux-mêmes se dirigeaient vers les meilleurs pâturages, en veillant seulement à ne pas les laisser s'écarter sur le voisin, car le domaine était fort restreint.

Et ses journées s'écoulaient, comme celles de toutes les petites bergères qu'on voit assises, selon les saisons, au revers ensoleillé d'un fossé ou bien sous la fraîcheur d'un arbre, à tricoter un bas, à chercher les châtaignes tombées dans leurs bogues entr'ouvertes, à cueillir des primevères, des marguerites ou des colchiques, à caresser son fidèle chien Pigou, ou à jouer avec son agneau préféré. Et quel était son agneau préféré? « Toujours le plus petit (1) », répondait-elle, disant ainsi, sans s'en douter, un mot charmant.

Puis elle « *passait* » son chapelet, semait au vent du ciel les *Ave* qui fleurissaient en grâces innombrables, et vraiment rien ne la distinguait extérieurement de tant d'autres petites pastoures perdues comme elle dans un repli de vallon pyrénéen. En effet, dans ces contrées demeurées même aujourd'hui saines et simples, beaucoup d'enfants étaient pures et pieuses comme elle ;

(1) P. Cros, *N.-D. de Lourdes*, p. 302.

égrenaient pareillement une ou deux fois le jour leur rosaire ; beaucoup même probablement en récitaient davantage, mais elle, sans doute, priait mieux.

Sur les pentes environnantes qu'elle embrassait toutes du regard, apparaissaient ou disparaissaient selon les heures des troupeaux comme le sien, épandus en vagues blanches, et des points noirs qui étaient comme elle des bergères. Il y avait encore des laboureurs travaillant ici et là, plus haut, plus bas, partout, avec leurs attelages de légers bœufs. Et leurs voix sonores et graves, rythmant en patois les appels aux bêtes indolentes, venaient jusqu'à l'enfant avec la brise. Et tout près, sous ses yeux, au creux du vallon, passait la route de Lourdes qui secouait les voitures à toutes ses ornières. Elle vivait ainsi seule, mais non pas isolée, car toutes ces rumeurs éparses de la terre l'environnaient. Silencieuse, elle écoutait le paysage vivre de l'effort de l'homme.

La journée s'avançait ; dans l'air sonore des jours d'été, ou par les lourdes tentures de brume des jours d'automne, midi laissait tomber ses Angelus du haut du petit clocher paroissial.

Sur les pentes elle voyait alors les laboureurs s'arrêter, comme ils le font encore aujourd'hui, poser leur aiguillon en travers du front immobile des bœufs et se découvrir. Elle devinait les mots qu'ils disaient. Alors elle aussi s'agenouillait et, dans les derniers sons de cloche qui versaient sur la campagne attentive leur bénédiction, récitait à son tour trois *Ave Maria*.

La vie qu'elle menait dans ce coin ignoré de terre de France, c'était en somme celle de la bergère de Domrémy, à cette différence qu'elle, Bernadette, n'entendit jamais ni voix ni appels, qu'elle se crut, jusqu'au jour des apparitions, la dernière des petites pastoures du pays.

Venait ensuite l'heure où elle rompait son pain, dont il y avait toujours quelques bouchées pour Pigou assis devant elle, et dont le regard selon les gestes de sa maîtresse semblait rire par moments ou semblait prier. Et l'après-midi s'écoulait ensuite, longue en été, courte en hiver où l'ombre tombe si vite des montagnes, remplie au demeurant des mêmes occupations que la matinée : d'un tricot, d'un chapelet, des soins du troupeau. Parfois Bernadette poussait une pointe au-dessus du bouquet de châtaigniers, vers le sommet de la colline, dans la lande d'ajoncs où une grande croix se dresse aujourd'hui dans l'espace bénissant les pays, et d'où se dévoilent enfin les éternelles cimes neigeuses des Pyrénées resplendissantes.

Et à voir ainsi la silhouette de la petite bergère enveloppée de son grand capulet, se profilant sur l'arête de la lande en lutte contre le vent des cimes, ne devait-il pas sembler qu'elle menât son troupeau vers les formes blanches de l'horizon, vers le ciel.

Le soir tombant, les agneaux las regagnaient l'étable et sous l'œil scrutateur de la pastoure tout s'engouffrait dans l'obscure et vaste bergerie. Alors l'enfant fermait la porte aux trois croix rouges, poussait soigneusement le loquet de bois, qui reste toujours la seule fermeture de l'étable des Lagües (1), s'agenouillait un instant, paraît-il, sur le gros rocher qui se dresse au seuil pour recommander aux saints ses brebis, puis s'en allait laissant tout à la garde de Dieu.

(1) Tout récemment on vient de mettre un cadenas à la bergerie des Lagües. N'est-ce pas un signe des temps : les portes se ferment à clef, quand les consciences se ferment à Dieu.

Suivie du fidèle Pigou, elle revenait par les mêmes pentes, par le même chemin creux qu'emplissait la nuit, vers le village blotti au fond du vallon autour de l'église. Sans doute elle saluait le Christ tendant ses bras crucifiés dans l'ombre du carrefour, puis passait le ruisseau, était chez elle.

. . . . . . . . . . . . . . . . . . .

L'été on se couchait tôt pour se lever de meilleure heure ; l'hiver on s'attardait autour du foyer, ce soleil intérieur des demeures, sous l'immense cheminée qui s'ouvrait à toute la famille.

Parfois il y avait veillée chez un voisin. Pendant qu'on lisait quelque passage de la Bible, quelque page d'un almanach ou que les anciens du pays racontaient une belle histoire, les gens égrugaient les beaux grains luisants du maïs.

Pour ces instructives soireés, la population de Bartrès montrait beaucoup de goût, car, fait bien rare à l'époque, les habitants de ce patriarcal petit village, grâce aux soins assidus d'un instituteur ami de chaque famille et tout à la fois sacristain, sonneur de cloches et secrétaire de mairie, étaient tous lettrés. Seule Bernadette restait au milieu d'eux une exception d'ignorance, étant totalement dépourvue de savoir, incapable encore, à quatorze ans, de lire, d'écrire, et même de parler français. Bien plus, toutes ses prières de pauvrette se bornaient à la connaissance du chapelet et encore « manquait-elle quelques mots au : *Je Crois en Dieu* (1). » Évidemment, il n'y avait point là de sa faute puisque, malgré les conditions posées par son père, elle ne pouvait, tant était astreignante la garde des moutons, aller à l'école. La mère Lagües qui en avait certains remords, mais voulait utiliser sa pastoure, essayait bien le soir de lui enseigner quelques bribes de catéchisme, hélas! « la pauvre Bernadette était bien dure pour apprendre (2) » et souvent la maîtresse dépitée jeta le livre en criant: « Va, tu ne seras jamais qu'une sotte et qu'une ignorante (3). » Parole dont on s'est, bien à tort, emparé pour affirmer la soi-disant stupidité de Bernadette. En réalité elle n'était point sotte, mais inculte. Et vraiment si l'on songe à la difficulté, pour cette petite, d'apprendre le mot à

(1) P. Cros, *N.-D. de Lourdes*, p. 9.
(2) P. Cros, *N.-D. de Lourdes*, p. 9.
(3) Estrade, *les Apparitions de Lourdes*, p. 27.

mot d'un cathéchisme français qu'elle ne pouvait ni lire, ni même comprendre puisqu'elle parlait seulement patois, et qui était donc pour elle du grec, l'on ne s'étonnera plus qu'elle murmurât parfois toute découragée : « Il faudra m'enfoncer le livre dans la tête (1). » Par un excès contraire, l'on ne devrait pas s'imaginer Bernadette comme brillamment douée : elle était, en somme, d'une intelligence très ordinaire, même médiocre, mais qui n'excluait pas un vrai bon sens ni une certaine vivacité naturelle, source parfois de réparties amusantes et fines.

Toujours aux prés, elle n'allait guère plus à l'église qu'à l'école, sauf bien entendu les dimanches. Oh ces dimanches ! quels jours de fête pour elle. Comme il faisait bon dans la maison du Bon Dieu, parmi les lumières, les chants, les parfums d'encens. Sans doute ses regards, comme ceux de tous les enfants, se portaient de préférence vers l'autel et vers les personnages du retable dressés au fond du chœur. Sans doute dut-elle contempler souvent, durant les offices, ces vieux chefs-d'œuvre d'une

(1) BARBET, *Bernadette Soubirous*, p. 124.

grâce archaïque, où d'inconnus artistes des temps passés firent sortir de souches rugueuses, avec une patience infinie, des saints détachant leurs poses naïves, en gestes d'or atténués de poussière, sur un fond d'azur pâli. Mais dans ces panneaux qui figurent les scènes de la vie de saint Jean-Baptiste, aucun personnage dont la Dame de Massabielle pût sembler une réminiscence, et même, chose extraordinaire, pas une statue de vierge. Simplement, dans un coin de l'église, une vieille madone toute dorée, encore intacte aujourd'hui, tenant dans ses bras l'enfant Jésus. Image entièrement différente, on le voit, de la jeune fille blanche de la grotte, et d'ailleurs moins précieuse pour sa beauté discutable que parce que devant elle la petite Bernadette a prié.

Donc aucun modèle dont son imagination eût pu, même involontairement, s'inspirer. Du reste rien dans son caractère ou ses habitudes ne la prédisposait à l'hallucination, ni au mysticisme. Elle n'était pas une imaginative, pas même une rêveuse ou une indolente, mais une enfant gaie, rieuse, active, plutôt un peu terre à terre et un brin espiègle aussi quoique sans malice. Bref, selon l'expression de sa compagne Jeanne Abadie, « une dégourdie ». Rien en elle non plus de nerveux, de fantasque ou d'étrange. En somme, une petite paysanne poussée librement dans le grand air pur des montagnes, ayant des sens sains et une intelligence également saine, quoiqu'en friche. Ainsi grandissait-elle toute simple et très bonne, « bien gentille et bien douce », disent tous les gens de Bartrès, mais sans « rien d'extraordinaire», ajoutent-ils, qui la distinguât, sinon son beau regard particulièrement limpide, sinon la tendresse de son cœur qui lui faisait aimer tous les plus humbles, les plus faibles, « le plus petit agneau ».

Au fond, Bernadette ne se plaisait pas à Bartrès; sa famille lui manquait, puis elle souffrait d'être tellement ignare, d'être incapable à son âge de faire sa première communion. Elle le fit dire un jour à ses parents, et se plaignit qu'on ne l'envoyât pas, comme cela avait été convenu, au catéchisme. L'abbé Ader, curé de Bartrès, sur le point de se retirer, sentant bien qu'elle ne serait jamais préparée, conseillait lui aussi de la renvoyer à Lourdes pour qu'on l'instruisît; mais la mère Lagües, qui tenait à garder sa pastoure, tâchait de faire la sourde oreille.

Enfin rappelée par ses parents, Bernadette revint à Lourdes âgée de quatorze ans, en janvier 1858, à la veille des apparitions. Elle se fit inscrire aussitôt sur la liste des enfants qui se préparaient à leur première communion; mais le curé ne la connaissait même pas (1). Et c'était la plus pauvre, la plus humble, la plus inconnue petite fille de la ville, mais c'était la plus pure, la plus proche du cœur de Dieu et de la Vierge qui aime les petites bergères de France.

(1) Ni même le vicaire qui préparait à la première communion, puisque, voulant connaître la voyante, il la fit lever au catéchisme pour la voir.

# CHAPITRE III

## NOUVELLES APPARITIONS

### 1° *La seconde apparition.*

Après la première apparition, Bernadette s'était vu interdire expressément par ses parents de retourner à Massabielle. Cette défense la rendit bien malheureuse, car le souvenir de la Dame éblouissante et douce ne la quittait plus. La revoir était sa passion. Néanmoins, toujours soumise, elle obéit sans murmurer. Mais le dimanche suivant, à la grand'messe, elle ressentit un tel désir d'aller à la grotte qu'elle comprit bien que c'était un appel.

Pourtant elle n'osait pas demander la permission à sa mère, toujours opposée à la vision qu'elle traitait de sottise, d'illusion ou de machination diabolique. L'enfant confia son envie et sa peine à sa sœur Toinette et à deux petites amies, Thérèse Coureau et Catherine Mengot, qui jouaient ensemble après la messe. Curieuses d'accompagner Bernadette à la grotte, pour y *voir* elles aussi, elles se chargèrent résolument de quérir l'autorisation. A force d'insistances et de supplications elles l'obtinrent.

« Allez, partez, et ne me cassez plus la tête ! finit par dire Louise Soubirous, mais soyez ici pour vêpres, sans cela vous savez ce qui vous attend (1) ! »

Le père, qui soignait des chevaux à l'auberge, à son tour céda.

Aux premières camarades, d'autres rencontrées se joignirent, et les voilà toutes, frémissant moitié de curiosité et moitié de peur, parties en joyeux tourbillon vers cette aventure.

Mais Bernadette grave les arrêta : allait-on là-bas pour rire ou pour prier ? Et, les ayant ainsi calmées, elle envoya avec autorité chercher leur chapelet toutes celles qui ne l'avaient pas.

Puis, sans les attendre, elle alla remplir à

(1) Estrade, *les Apparitions de Lourdes*, p. 47.

l'église une petite bouteille d'eau bénite pour s'assurer du caractère de la vision et la chasser au cas où ce serait « quelque chose de mauvais ». Et il fut convenu avec ses compagnes que, si la Dame apparaissait, on lui jetterait l'eau bénite en disant : « Si vous venez de la part de Dieu, approchez ; si vous venez de la part du diable, allez-vous-en (1). »

Exorcisme naïf peut-être, mais témoignage précieux du calme et du manque d'exaltation de Bernadette, puisqu'elle mettait en doute la provenance de sa vision et ne craignait pas de la soumettre à une épreuve qui pouvait, croyait-elle, l'anéantir.

Le groupe d'enfants s'achemina donc vers Massabielle par ce bel après-midi de dimanche épandant sa fragile douceur ensoleillée sur les contreforts des montagnes...

Arrivées à la grotte, toutes s'agenouillent, tirent à l'exemple de Bernadette leur chapelet, prient en silence. Mais bientôt, poussées par la curiosité, quelques-unes se mettent à chuchoter : « La vois-tu ? » — D'abord Bernadette ne répond pas. Enfin à la troisième dizaine

(1) P. Cros, *N.-D. de Lourdes*, p. 25.

sa figure s'éclaire brusquement d'un sourire, un cri lui monte aux lèvres : « La voilà (1) ! »

Le cœur battant, ses compagnes écarquillent les yeux, fouillent du regard l'ogive mais ne voient rien. Les unes aux autres elles se demandent : « Vois-tu ? vois-tu ? » et à Bernadette naïvement : « Où est-ce ? » La petite voyante passe alors son bras autour du cou de sa voisine, l'attire joue à joue, et dirigeant son regard, lui montre, au bout de son doigt, la Dame (2) !

Mais l'enfant ainsi guidée ne voit pas davantage. Ses yeux perçoivent bien comme ceux de Bernadette le même fond de rochers, mais son âme n'est pas assez pure sans doute pour apercevoir la vision du ciel qui s'y interpose. Une seule voit parce qu'une seule est l'élue.

La première surprise passée, vite on glisse la fiole d'eau bénite entre les mains de la voyante qui se lève, en asperge les branches du rosier, en jette à la Dame « tant qu'elle en a » disant : « Si vous venez de la part de Dieu appro-

(1) P. Cros, *N.-D. de Lourdes*, p. 22.

(2) *Ibid.*, p. 22.

chez (1) ». Et la Dame, obéissant à la voix de l'humble fillette, jusqu'au bord du buisson s'avance.

A ses compagnes palpitantes, Bernadette traduit les gestes de l'Invisible. « Elle ne se fâche pas, dit-elle, au contraire, elle approuve de la tête et sourit vers nous toutes (2). »

Puis, rassurée, elle s'agenouille de nouveau, joint les mains, et voici que soudain son visage se transfigure, elle devient toute blanche. Tout son être se tend vers l'apparition, puis définitivement s'immobilise. Elle ne vit plus que par les yeux grands ouverts et fixes. Insensible et radieuse, elle n'appartient plus à la terre, elle est entrée dans les splendeurs de l'extase.

A cette vue ses compagnes s'alarment, et surprises par la chute d'une grosse pierre qui du haut du rocher de Massabielle s'écroule près d'elles avec fracas, toutes, subitement affolées, abandonnent Bernadette et se sauvent à qui mieux mieux en criant.

Mais parvenues au-dessus de la grotte, elles trouvent Jeanne Abadie et le petit groupe de

(1) P. Cros, *N.-D. de Lourdes*, pp. 22-23.

(2) Estrade, *les Apparitions de Lourdes*, p. 49.

retardataires riant de bon cœur de leur farce ; car c'étaient elles qui, pour se venger de n'avoir pas été attendues, avaient roulé ce rocher.

Rassurées, elles redescendent ensemble et trouvent Bernadette toujours immobile, mais si pâle maintenant, si belle, si transfigurée, qu'un frisson, le frisson du surnaturel, les saisit. Plusieurs se mettent à pleurer (1) disant : « Oh ! si Bernadette allait mourir. » Elles lui parlent, la secouent, veulent l'arracher à ce ravissement qui les effraie, mais la voyante reste sourde, insensible, l'âme envolée.

Cependant, attirées par les cris des enfants, deux femmes, la mère et la tante du meunier de Savy, surviennent. A la vue de cette petite, agenouillée, immobile, « belle comme un ange (2) » elles demeurent stupéfaites. A leur tour elles essayent de la tirer de son extase ; en vain !

Anxieuse de cette insensibilité et de ce silence, la mère court appeler son fils au moulin proche. Le meunier Nicolau, homme de vingt-huit ans, qui par ce beau dimanche de

(1) P. Cros, *N.-D. de Lourdes*, p. 26, et Estrade, p. 49.
(2) *Ibid.*, p. 26.

carnaval s'habillait pour aller à l'auberge, arrive sceptique, croyant à des simagrées et riant déjà de l'aventure.

Mais l'aspect de l'enfant le cloue de surprise sur place : « Elle souriait, dit-il, et avait un visage beau, plus beau que tout ce que j'ai vu. J'eus peine et plaisir tout à la fois, et toute la journée j'avais le cœur touché en y pensant (1). »

Aujourd'hui Nicolau est un vieillard, mais dans ses yeux à demi aveugles, presque morts, la radieuse vision de Bernadette en extase vit toujours.

Tout d'abord il reste immobile à contempler l'enfant, saisi d'un secret respect, et n'osant même pas la toucher. Enfin, sur les instances des femmes et aidé par elles, il l'entraîne.

Sans se débattre ni murmurer, Bernadette résiste pourtant passivement, se fait arracher de sa vision. « Il fallait être fort pour l'entraîner, dit Nicolau. Tout seul, bien que très vigoureux, j'aurais eu de la peine à le faire (2). » Tandis qu'on l'emmène, la voyante demeure plongée

(1) P. Cros, *N.-D. de Lourdes*, p. 27.

(2) *Ibid.*, p. 28.

dans l'extase : pâle, les yeux grands ouverts et fixes, elle voit toujours. Il semble que la vision l'accompagne marchant devant elle dans l'espace.

Plusieurs fois pour la faire revenir « et rompre le charme (1) », le meunier lui baisse la tête de force, lui met son béret sur les yeux; mais toujours elle relève la tête et, dès qu'on retire le béret, son visage s'éclaire d'un sourire. Preuve que ses sens perçoivent bien une image réelle et qu'elle n'est pas hantée d'un fantôme factice de son imagination, qu'elle n'eût pas cessé alors de se représenter.

Tout à coup, en arrivant au moulin, sa tête se penche, un flot de sang lui monte aux joues, elle revient à elle... La vision avait disparu.

On la fit asseoir, on s'empressa de l'interroger. Redevenue la petite Bernadette ordinaire, elle répondit, très simple, avec un soupir de regret : « Je voyais une dame vêtue de blanc, très belle, oh! si belle... et qui me souriait. »

Sur les entrefaites, sa mère, qu'on avait été quérir, arriva furieuse et la main déjà levée

(1) Estrade, *les Apparitions de Lourdes*, p. 51.

criant : « Comment, drôlesse, tu veux donc que nous soyons la risée de tous ceux qui nous connaissent. Je vais te les donner, moi, tes airs béats et tes histoire de dame (1). »

Mais la meunière qui avait vu l'enfant transfigurée l'arrêta, lui parla. Et la pauvre mère, trouvant sa fille pâle encore et tellement innocente, se troubla à son tour, se prit à pleurer. Et toute bouleversée, elle déclara bien haut, pour couper court aux racontars, que c'était fini, qu'elle ne laisserait plus Bernadette retourner à Massabielle.

Or « elle suait à grosses gouttes (2) », dit un témoin, car dans sa fierté et sa timidité de pauvresse, elle craignait à la fois les moqueries et les gendarmes.

### 2° *La troisième apparition.*

Les compagnes de Bernadette bavardèrent naturellement à qui mieux mieux et l'apparition du dimanche fut bientôt ébruitée. Mais personne ne prit cette histoire au sérieux ; on traitait les enfants de petites folles et la

(1) Estrade, *les Apparitions de Lourdes*, p. 52.

(2) *Ibid.*, p. 87.

voyante de menteuse. Même, la supérieure de l'école, informée de l'aventure, manda Bernadette devant les sœurs et l'admonesta sévèrement en termes bien propres à la décourager. Puis, la trouvant convaincue, elle chercha à la dissuader de la réalité de sa vision : « Il ne faut pas s'arrêter à cela, disait-elle, c'est une illusion (1). » Les Soubirous, tout confiants qu'ils fussent dans la bonne foi de leur enfant, n'en restaient pas moins sceptiques, eux aussi, sur l'exactitude du phénomène. Bernadette ne les trompait pas sans doute mais elle se trompait. Le bruit fait autour de leur fille les chagrinait d'ailleurs profondément. « Tu nous feras devenir malades, lui disait une de ses tantes, par la peine que nous avons en entendant les gens parler de toi (2). »

Seules, une dame, Mme Millet, et une enfant de Marie, Antoinette Peyret, se sentirent troublées par l'annonce des apparitions. Songeant à la disparition toute récente d'une de leurs amies, Mlle Latapie, jeune fille très pieuse et vénérée de tous dans la petite ville, leurs cœurs émus firent entre le blanc costume d'enfant de

(1) P. Cros, *N.-D. de Lourdes*, p. 32.
(2) *Ibid.*, p. 32.

Marie de la défunte et la robe blanche de la vision un rapprochement tout naturel. Si l'apparition était réelle, ne pouvait-ce être leur amie revenant demander des prières ?

Résolues d'en avoir le cœur net, elles allèrent au cachot prier Louise Castérot de les laisser mener Bernadette à la grotte pour voir ce qui s'y manifesterait.

Elles survinrent juste au moment où, à de nouvelles instances de la petite voyante, sa mère répondait par une vigoureuse réprimande. La brave femme, un peu décontenancée par l'arrivée des visiteuses, sentit bientôt sa résistance s'évanouir devant leur insistance et leurs bonnes raisons. En somme, toute crainte d'imprudence n'était-elle pas écartée par la présence de grandes personnes ? Puis le ridicule et les moqueries qu'elle craignait surtout, ne retomberaient-ils pas sur ces dames ? Elle céda donc.

Néanmoins, pour ne pas éveiller l'attention et la malignité publique, on décida d'aller à la grotte de très bonne heure et en secret.

... Le lendemain, avant le jour, les deux visiteuses vinrent frapper à la porte des Soubirous. Bernadette, qui n'était pas encore levée, s'habilla en hâte et sortit. Dans cette aube obscure et froide d'hiver les maisons étaient toutes closes. Soudain les cloches sonnèrent auprès dans les ténèbres la première messe de l'aurore. On entra à l'église pour y assister.

Puis l'on se remit en route. Mme Millet emportait un cierge béni à la Chandeleur, autant pour écarter les esprits mauvais que pour éclairer l'obscurité de la grotte. Antoinette Peyret, fille d'huissier et personne pratique, cachait sous sa mante un encrier, une plume et du papier pour que l'apparition — si apparition il y avait — pût écrire son nom et marquer ses volontés.

Or les deux femmes, hésitantes encore et demi-incrédules, disaient à Bernadette en marchant : « Prends garde, si tu mens, le bon Dieu te punira (1). » Mais l'enfant les regardait de ses grands yeux candides : Pourquoi mentir ?...

Arrivées à la grotte, elles plantèrent contre un roc le cierge, cette première petite flamme, symbole d'âme en détresse, après laquelle devaient s'en allumer tant, tant et tant d'autres par buissons innombrables aux floraisons sans cesse renouvelées et qui ne s'éteindraient plus jamais. Puis, ayant tiré leur chapelet, les femmes s'age-

(1) P. Cros, *N.-D. de Lourdes*, p. 36.

nouillèrent des deux côtés de l'enfant pour la mieux surveiller. Mais celle-ci, à peine les premiers *Ave* égrenés, poussa un cri : « La Dame y est. » La joie de l'apparition lui montait aussitôt au visage et l'imprégnait de beauté ; elle resplendissait de bonheur. Cependant elle ne tomba pas en extase et toutes trois continuèrent le chapelet.

Le dernier gloria prononcé, Antoinette Peyret mit dans les mains de Bernadette le papier, la plume et l'encre et lui souffla : « Va demander à la Dame d'écrire son nom et ce qu'elle veut. » Et l'enfant, aussi naïvement qu'on le lui avait commandé, le fit. Petite, elle se haussa sur la pointe des pieds, tendit à bras levés son écritoire à la Dame, resta un long moment immobile comme écoutant, puis s'inclina profondément et revint vers ses compagnes. « Le papier était resté blanc. »

« La Dame s'est mise à rire, fit-elle, puis m'a dit : Ce que je veux, il n'est pas besoin de l'écrire, faites-moi seulement la grâce de venir ici pendant quinze jours... J'ai promis (1) ! »

Et plus grave l'enfant ajouta : « Elle m'a dit

(1) P. Cros, *N.-D. de Lourdes*, p. 36.

encore : Je ne vous promets pas de vous rendre heureuse en ce monde mais dans l'autre (1). »

« Elle vous a aussi regardée en souriant » (2), dit-elle à Antoinette Peyret. L'humble fille ne prit pas garde alors à ce détail ; mais plus tard, lorsqu'il fut avéré que la Dame de Massabielle était la Vierge, ce précieux souvenir lui revint au cœur, et ne la quitta plus jamais.

. . . . . . . . . . . . . . . . .

Or la Dame parlait ce jour-là pour la première fois, et pour Bernadette seule. Dans la suite elle parla souvent et pour le monde entier ; mais toujours, par un phénomène uniformément observé au cours de ces colloques, l'entretien de part et d'autre fut muet. Bernadette croyait bien pourtant s'exprimer à haute voix, et s'étonnait ensuite qu'on ne l'eût pas entendue. « Je parlais tout haut comme maintenant, disait-elle (3). » L'on voyait en effet ses lèvres remuer, mais l'on ne percevait nulle parole. Mystère qui n'a rien de surprenant dans cette histoire toute tissée du merveilleux des apparitions. Ne fallait-il pas en effet que les épanchements intimes

(1) P. Cros, *N.-D. de Lourdes*, p. 38.

(2) P. Cros, *N.-D. de Lourdes*, p. 36.

(3) *Ibid.*, p. 39.

et secrets de l'élue fussent interceptés à la foule, que le son de cette voix enfantine fût détourné vers le ciel pour la Vierge seule.

Par une merveille correspondante les paroles de la Dame n'étaient pas davantage perceptibles aux témoins ; seule Bernadette les entendait. Elle les entendait bien distinctement. La voix de la Vierge était infiniment douce, et plus caressante qu'une musique ; seulement, disait-elle, en mettant la main sur sa poitrine, « il me semble que la voix me touche ici (1) ».

Au cœur ? Oui ! L'enfant et la Vierge se parlaient ainsi, comme s'entretiennent sans doute les élus, en dehors des sons humains, d'âme à âme (2).

(1) P. Cros, *N.-D. de Lourdes*, p. 38.

(2) Un médecin qui a tout particulièrement étudié les phénomènes de l'extase écrit : « Les extatiques entendent d'une manière surnaturelle en dehors des voies physiologiques... On ne sait pas comment ils entendent, on ne le saura jamais. » (Dr Imbert-Goubeyre, *la Stigmatisation*, p. 295.)

# CHAPITRE IV

## LA QUINZAINE

Les visions de Bernadette, loin de s'évanouir comme l'avaient espéré ses parents, se renouvelaient, se précisaient donc. La Dame maintenant parlait, demandait, promettait. Etait-ce encore illusion ? Les Soubirous commençaient à être ébranlés, mais répugnaient encore à l'idée de laisser leur fille se rendre à la Grotte, devenir la risée de tous. Pourtant l'enfant avait promis d'y retourner pendant quinze jours, et elle, si douce, était, sur ce sujet-là, opiniâtre à toute persuasion, comme vouée.

Ils se résignèrent donc, d'après l'avis de leurs proches et quoiqu'à contre-cœur, à céder à cette extraordinaire impulsion.

Mais pour éviter tout attroupement et s'épargner tout ennui de la part des autorités, il fut décidé que l'on irait à Massabielle de très grand matin et que, par précaution, sa mère ou l'une de ses tantes accompagneraient toujours Bernadette.

De fait, les premiers jours au moins, l'on partait avant l'aube, à cinq heures et demie, en cachette, avec une lanterne perçant la froide nuit d'hiver. Mais, malgré l'heure et malgré le froid, des gens stationnaient déjà au bord du Gave, espérant la voyante, attendant l'aurore. Et de jour en jour leur nombre augmentait, tant était grande la puissance d'attraction de cette enfant en prières au bord d'une eau glaciale, devant une grotte sombre et vide pour tous sauf pour elle.

Nous n'entreprendrons pas de conter une à une toutes les apparitions, seuls nous retiendront les phénomènes de l'extase et les événements les plus marquants de cette merveilleuse quinzaine.

Un fait, chaque jour renouvelé, jusqu'à ce que l'on eût pratiqué un sentier d'accès à la Grotte, et qui frappa chaque fois les assistants, fut la façon dont Bernadette, obligée désormais de passer par la colline des Espélugues, descendait cette raide côte de Massabielle encombrée de pierres et de ronces, au bas de laquelle la grotte s'ouvrait (1).

« A cette pente où pour descendre il fallait, assurent les témoins, s'appuyer des mains à chaque pas, faire du talon un trou dans le sol, et où l'on glissait encore, Bernadette dès l'entrée prenait la volée, et en un clin d'œil arrivait en bas comme s'il y eût eu un chemin bien tracé... Elle descendait comme une hirondelle, dit l'un,... elle allait comme le vent, rapporte l'autre... Jamais nous ne pûmes descendre aussi vite qu'elle » (2), disent les plus adroits.

C'était réellement merveille, même pour ces montagnards au pied si sûr, de voir cette frêle petite, au souffle déjà coupé par l'asthme se lancer dans cette abrupte descente, sans gestes

(1) La réparation du moulin de Boly étant terminée, l'eau était en effet revenue au Canal, et coulait au pied même de la Grotte, empêchant désormais de passer par en bas. Il fallait donc gravir la colline des Espélugues, où s'élève aujourd'hui la Basilique, et redescendre la roche Massabielle presque à pic parmi les broussailles pour arriver devant la Grotte au bord de l'eau.

(2) P. Cros, *N.-D. de Lourdes*, p. 47.

de faux équilibre, ni chutes, mais avec une parfaite assurance, comme si elle était à la fois attirée vers en bas, et soutenue parmi les obstacles. « Elle va se casser le cou », disaient-ils, en la voyant partir, et quand elle était en bas : « Sans un miracle on ne peut pas marcher ainsi (1). »

Mais ce qui émerveillait bien davantage encore, c'était la beauté de l'enfant pendant les extases.

Elle arrivait humble et menue, enfouie dans son grand capulet, « faisant le moins de bruit possible », n'offrant absolument rien de remarquable, n'étant qu'une agréable petite fille du peuple aux joues fraîches, aux grands yeux noirs limpides et doux. Son seul charme était sa candeur. Elle s'agenouillait, elle priait, et soudain elle était transfigurée ! La présence de la Dame lui créait un visage nouveau, un visage de joie rayonnante et d'extraordinaire splendeur. — « Tout à coup, dit un témoin, comme si un éclair l'eût frappée, elle faisait un soubresaut d'admiration et semblait naître à une secondre vie... une grâce indéfinissable se

(1) P. Cros, *N.-D. de Lourdes*, pp. 42 et 47.

répandait sur toute sa personne. Bernadette n'était plus Bernadette (1). »

« Impossible, dit un autre témoin, de se figurer quelque chose de plus pur, de plus aimant, et de plus doux (2). » Sa figure devenait en effet toute blanche, non d'une pâleur inquiétante et maladive, mais d'une blancheur mate et comme transparente, infiniment douce, semblable à celle des fleurs immaculées, des lys. On l'eût dite éclairée d'une intérieure lumière. Dans cet éclat presque lumineux de la face, deux taches de vermillon teignaient seules les joues ; tout le sang, toute la vie se portait au cœur.

Les traits remontaient un peu sans contraction, sans effort, comme tendus par un sourire, comme épanouis par une joie. Mais c'était par le regard surtout qu'elle vivait. Grands ouverts et fixes, sans un sourcillement, sans un clignement de paupières, ses yeux éclairés « d'un jour qui n'était pas de la terre (3) » buvaient l'extase de l'apparition.

Cette transformation immédiate et merveilleuse saisissait tout le monde, les gens les moins

(1) Estrade, *les Apparitions de Lourdes*, p. 91.

(2) P. Cros, *N.-D. de Lourdes*, p. 97.

(3) Estrade, *les Apparitions de Lourdes*, p. 66.

enthousiastes comme les plus analystes et les plus experts.

Les sceptiques venus en rieurs se sentaient frappés comme les autres; il y avait là une attraction à qui personne n'échappait. C'était une révélation de splendeur, absolue comme celle de la lumière, une illumination tellement subite, tellement complète, tellement en dehors des possibilités de l'artifice et de l'art, que tous les assistants, tous sans exception, étaient vaincus par l'émotion, convaincus de la bonne foi de l'enfant. Mentir avec des mots se peut, mais non pas se transfigurer ainsi.

« On voyait bien que ce n'étaient point là des grimaces (1) », dit éloquemment un humble. Un mondain ajoute : « J'ai vu sur les grands théâtres des actrices célèbres, elles n'étaient que des statues grimaçantes à côté de Bernadette. Elles traduisaient en se torturant les passions de la terre (2) », mais la voyante réfléchissait la pure splendeur de la Reine du Ciel.

Non seulement la croyance à la sincérité de l'enfant, mais la persuasion de la réalité de ses visions se dégageait de ce spectacle. Dès

(1) P. Cros, *N.-D. de Lourdes*, p. 72.

(2) Estrade, *les Apparitions de Lourdes*, p. 259.

qu'elle tombait en extase, on eût dit que la foule percevait le reflet de la Dame dans le clair miroir de ses traits radieux, car tous criaient : « A présent elle voit (1). »

Et réellement cet éclat était bien le reflet direct, le rayonnement de l'éblouissante vision illuminant le visage de la voyante et s'exprimant à fleur de chair.

Mais ses traits ne changeaient pas seuls, tout son être prenait part à son ravissement. Son corps, suivant l'impulsion de son âme, se tendait tout entier, « par un mouvement doux en avant (2) » comme pour aspirer la vision.

« Sous les rayonnements de l'extase, dit un assistant, elle était penchée en avant comme pour s'envoler (3). » Et non seulement elle voyait ses apparitions, mais elle les vivait. Une grâce surhumaine accompagnait ses gestes dans une concordance si parfaite avec les paroles ou le maintien de la Dame que le colloque avait beau être muet, la pensée en était fidèlement rendue par cette admirable mimique (4).

(1) P. Cros, *N.-D. de Lourdes*, p. 137.

(2) P. Cros, *N.-D. de Lourdes*, p. 71.

(3) Estrade, *les Apparitions de Lourdes*, p. 63.

(4) « La figure de Bernadette, dit un témoin, tradui-

D'abord l'enfant saluait l'apparition avec une grâce merveilleuse « comme si toute sa vie, dit naïvement un témoin, elle n'avait fait autre chose que d'apprendre à faire des saluts (1) » et même beaucoup mieux encore, car aucun art n'aurait pu atteindre à cette majesté naturelle (2).

Elle faisait ainsi au début, à la fin, parfois au cours de l'extase d'admirables signes de croix, « comme on n'en fait bien sûr qu'au ciel », disaient les gens. D'un geste grand et simple, doux et fort, elle se couvrait en effet tout entière, transformant ce symbole en prière d'action, traçant sur elle-même un splendide acte de foi.

Tous s'étonnaient de cette beauté de gestes, de cette noblesse d'attitudes chez cette pauvrette, d'habitude si vulgaire. « Qui t'a donc appris à faire ces signes de croix et ces saluts ? » lui demandait-on.

sait toutes les phases d'une conversation variée, etc. » V. P. Cros, p. 68.

(1) P. Cros, *N.-D. de Lourdes*, p. 42.

(2) Estrade dit aussi : « Je n'ai jamais vu personne saluer avec la grâce et la distinction qu'y mettait Bernadette. »

Elle, d'un mot, indiquait la manière, la maîtresse. « Je fais comme je vois faire à la Dame (1), » disait-elle.

Elle imitait ainsi inconsciemment et réfléchissait en quelque sorte l'apparition — tant les puissances de son âme étaient tendues vers elle — jusqu'à en devenir une effigie bien pâle, il est vrai, mais sublime encore.

... Elle souriait avec la Dame, elle pleurait avec Elle. Aux sourires de la Vierge « des sourires ineffables illuminaient son visage, des courants de joie céleste faisaient tressaillir tout son être (2) », dit un témoin. « Voir sa figure comme elle était, cela faisait pleurer (3) », avoue un autre. Et sa mère elle-même trouvait alors sa fille si transformée qu'elle ne la reconnaissait plus, si belle qu'elle avait peur de la voir mourir, consumée par ce rayonnement divin.

Mais parfois la Dame s'attristait et pleurait en pensant aux péchés du monde. Alors, comme privée d'une lumière qui se retire, la face de l'enfant s'assombrissait tout d'un coup. De même qu'un paysage abandonné par le soleil

(1) P. Cros, *N.-D. de Lourdes*, p. 165.

(2) Estrade, *les Apparitions de Lourdes*, p. 63.

(3) P. Cros, *N.-D. de Lourdes*, p. 41.

s'obscurcit soudain, un voile de chagrin endeuillait les traits de la voyante, sans en altérer la tranquillité. Des larmes pressées coulaient sur ses joues pâles; les perles de pitié dont son âme exquise était pleine lui jaillissaient sans effort des yeux.

Puis, à un nouveau sourire de la Dame, la joie, comme une lumière retrouvée, comme un soleil revenu, resplendissait à nouveau sur son visage, et les larmes qu'elle n'essuyait pas finissaient de rouler parmi ses radieux sourires.

Quand la vision enfin se retirait, la joie dont la face de Bernadette était empreinte tombait aussitôt comme un masque qu'on dépose : elle n'était plus qu'une petite paysanne vulgaire.

La questionnait-on alors, elle répondait, reprise soudain par sa simplicité, sa timidité habituelles, que c'était toujours « la même Dame blanche très belle qui lui souriait (1) ».

*
* *

Mais ces apparitions n'étaient pas de simples épanouissements de beauté, chacune, sous le

(1) P. Cros, *N.-D. de Lourdes*, p. 41.

sourire de la Vierge, portait ses fruits surnaturels : révélations, exhortations et même leçons.

C'est ainsi qu'une des premières fois — le 22 février, — pour punir la voyante d'avoir manqué à son céleste rendez-vous, la Dame n'apparut pas. Pauvre Bernadette! La faute n'était pas toute à elle pourtant. En effet, ses parents, effrayés des menaces de la police qui voulait faire cesser « le scandale des apparitions », lui avaient interdit la grotte. Ils l'avaient même menée dans la rue de l'école en lui défendant de dévier ni à droite, ni à gauche. Dans l'obligation de désobéir à ses parents ou à la Dame, la malheureuse crut que celle-ci ne lui tiendrait pas rigueur de son manque de parole, et se rendit chez les sœurs directement.

A midi elle revint au cachot, mangea, repartit pour la classe du soir, mais voici qu'au moment d'entrer, une barrière s'éleva devant elle, invisible, réelle pourtant, une impossibilité physique de continuer, de passer outre. Elle lutta, piétina, puis, vraiment vaincue par cette force étrangère, comprit, fit volte-face, retourna.

Les gendarmes, intrigués de cette inexplicable manœuvre — ceci se passait juste devant la gendarmerie proche de l'école — et chargés d'ailleurs de veiller aux agissements de la voyante, la suivirent. Elle ne se cacha point de retourner à Massabielle, pria même une de ses compagnes rencontrée d'aller quérir le cierge béni de sa tante Bernarde. Puis, parvenue à la Grotte, toujours escortée des gendarmes, elle s'agenouilla bien émue, pria, pria... mais la Dame ne se montra pas.

Elle eut beau prolonger sa prière, attendre, espérer encore. Elle ne vit rien.

Navrée, elle avoua sans détours son insuccès, dit que la Dame n'était pas venue, et dans sa naïveté d'enfant qui cherchait une cause à ce gros chagrin, elle ajouta que c'était peut-être à cause des gendarmes.

A cette nouvelle un long éclat de rire parcourut la ville. La Dame, disaient les plaisants, avait pris peur de la police.

Mais ils n'eurent pas longtemps beau jeu, car les parents de Bernadette, stupéfaits de l'impulsion irrésistible qui l'avait poussée à la Grotte, et la sachant incapable de mentir, s'inclinèrent devant cette manifestation supérieure et la laissèrent désormais aller librement à Massabielle. Et chaque jour la Dame apparaissait de nouveau.

Cependant rien n'était changé dans la vie de

cette petite, elle allait en classe avec ses compagnes, jouait et riait avec elles, seulement elle était devenue plus grave, souvent pensive, et l'âme comme suspendue au souvenir de cette vision quotidienne qui l'inondait de joie.

Chaque apparition fut dès lors suivie avec passion par une foule toujours grossissante, et qui, peu à peu, passait de la simple curiosité à la persuasion. Bernadette arrivait, faisait un grand signe de croix, entrait dans les splendeurs de l'extase. Le monde entier avait disparu à ses yeux : la Dame était là. Et c'était entre la Reine des cieux et la petite bergère française un cœur à cœur rayonnant d'amour que nul ne peut imaginer. Dans un des colloques, la Vierge apprit à Bernadette une prière toute personnelle, toute spéciale pour les besoins de son âme, que l'enfant ne livra jamais et dont le mystère est mort avec elle.

Une autre fois — le 25 février — la Dame se faisant intime comme une amie à son amie, lui confia trois secrets qu'elle a emportés dans la tombe, lui laissa ce divin trésor comme un viatique pour sa vie douloureuse, comme un gage d'éternel bonheur. Une fois encore la Dame lui recommanda de prier pour les pécheurs, saisissante leçon qui montre bien la valeur d'une prière d'enfant devant Dieu, le poids qu'elle peut avoir pour le rachat des âmes et dans les destinées du monde.

Un jour enfin la Dame lui demanda de baiser la terre en signe de pénitence pour les pécheurs. Quand les assistants virent Bernadette mettre ainsi son doux visage dans la poussière, ils restèrent saisis, presque révoltés, et une brave femme qui la touchait lui secoua le bras en criant : « Lève-toi donc, tu es folle (1). » Mais la voyante voulut à chaque apparition désormais poser ainsi ses lèvres dans la poussière, ou dans la boue, en pénitence pour les pécheurs, en expiation pour ceux qui pèchent par leurs lèvres trop délicates ou voluptueuses.

Et non seulement elle s'humiliait, mais elle entendait aussi que l'assistance s'humiliât. Ainsi le 24 février, après un muet colloque avec la Dame, elle se retourna tout en pleurs vers les assistants, et leur dit avec des sanglots dans la voix : « Pénitence. Pénitence. Pénitence. »

Le 26 février, elle fut plus catégorique

(1) P. Cros, *N.-D. de Lourdes*, p. 86.

encore. « Après être montée vers la Grotte à genoux (1) en baisant la terre à plusieurs reprises, elle s'arrêta et, se tournant vers la foule, elle porta l'index de sa main droite à ses lèvres, puis étendant le bras d'un geste très énergique, elle fit signe à tous de se courber. On comprenait bien, ajoute le témoin, qu'elle voulait dire de baiser la terre, mais la plupart demeuraient immobiles. Alors elle renouvela son geste avec une grande force et d'un air presque irrité. C'était bien beau à voir, on eût dit une inspiration divine, aussi à l'instant tous nos fronts se courbèrent et nos lèvres baisèrent ce saint lieu pour obéir à l'ordre de la vision que Bernadette nous transmettait (2). »

Oui certes il dut être beau ce geste de petite fille courbant tous les fronts, même ceux des orgueilleux et des incrédules, tant il y avait de puissance en lui. Et dès lors presque tout le monde baisa la terre, par l'effet de cette persuasion à laquelle on ne savait pas résister.

(1) Bernadette montait et redescendait à genoux cette pente parmi les pierres avec une aisance et une dignité de mouvements très remarquée et tout à fait extraordinaire, vu l'incommodité de cette posture. V. P. Cros, p. 77.

(2) P. Cros, *N.-D. de Lourdes*, p. 85.

Mais l'événement le plus considérable de la quinzaine fut la découverte de la source miraculeuse (1), le 25 février. Ce jour-là pourtant, on crut bien la pauvre Bernadette devenue folle. On la vit en effet monter à genoux vers la Grotte, vers la Dame, et les yeux levés s'entretenir longuement avec elle. Puis, comme obéissant à un ordre, elle se lève et descend vers le Gave. Mais presque aussitôt elle s'arrête et, se retournant brusquement comme quelqu'un qui s'entend appeler, regarde l'ogive de l'apparition, fait un signe de soumission, rentre dans la Grotte. Là elle examine le sol d'un air embarrassé, hésite, consulte encore la Dame des yeux; enfin comme rassurée, fortifiée par un nouveau signe de l'Invisible, elle s'agenouille et gratte délibérément le sable avec ses mains.

A cet incompréhensible manège, un silence

(1) Nous ne voulons pas dire qu'il y eut alors création miraculeuse de la source. Non, cette source existait déjà, cachée sous les sables, mais Bernadette, de même que la foule, ignorait son existence ; c'est donc par une inspiration spéciale et surnaturelle qu'elle la mit à jour, en sorte que s'il n'y a pas eu création miraculeuse de l'eau, il y a eu du moins intervention surnaturelle dans le fait de sa découverte.

angoissant s'étend sur la foule; une stupeur et un malaise pèsent sur tous.

Trois fois Bernadette recueille au creux de sa main quelque chose qu'elle examine, puis rejette ; à la quatrième, elle penche son visage et relève, hélas! sa pâle figure toute barbouillée d'eau boueuse. A cette vue, un long murmure de déception et de pitié s'élève « Elle est folle ; elle est folle... »

Insensible, sourde à la rumeur et aux cris, toujours en extase, l'enfant revient à sa place. Comme elle passe, une brave femme lui essuie la figure par pitié, et la petite, sans rien voir, sans rien entendre, se remetà prier souriante...

La plupart des assistants quittèrent aussitôt la Grotte tout déconcertés et sous cette impression que la voyante était bonne à enfermer. N'ayant pas compris le miracle, il y eut une éclipse dans leur foi.

D'autres, qui ne voulaient pas perdre espoir, restèrent, l'extase finie, pour interroger l'enfant. Très simplement elle répondit: « La Dame m'a dit : Allez boire à la fontaine et vous y laver. Je ne comprenais pas, car il n'y avait pas de fontaine. J'ai donc cru qu'il fallait aller au Gave ; mais elle m'a rappelée et montré le coin de la grotte à gauche. J'ai gratté la terre, l'eau est venue, mais si boueuse que trois fois je l'ai jetée ; à la quatrième j'en ai bu. »

Alors ces gens voulurent vérifier les dires de Bernadette et, s'approchant, ils trouvèrent dans le sol, sec tout alentour, un petit trou creusé en coquille par ses doigts et rempli d'une eau déjà reposée qui commençait à filtrer doucement sur le sable fin.

. . . . . . . . . . . . . . . . . . . .

O mystère ! O miracle ! Une source de santé et de vie donnée au monde par les doigts frêles d'une enfant qu'on croyait folle.

Et quels symboles cachés dans le jaillissement de cette eau !

La Vierge dit : « Allez boire à la fontaine et vous y laver. »

— « Quelle fontaine ? Je ne vois pas de fontaine ? » Et naturellement l'enfant, — l'âme humaine, — va au Gave où la pente et l'habitude la poussent. Cette eau qui s'offre, qui attire, puis entraîne, n'est-ce pas le courant impétueux du monde, souillé de mille poussières et de mille détritus en suspens, pleins de germes de passions ? L'âme va boire ! Mais la Vierge l'appelle : « Non ! non ! pas cette eau qui est impure, qui empoisonne, mais l'eau de la source, l'eau filtrée au cœur des montagnes, l'eau des neiges éternelles tombée du firmament bleu ! » — « Mais où est elle ? Comment la faire jaillir ? » — « En creusant le sol avec tes doigts. »

Admirable image de la source intérieure qui est au fond de tous, symbole des fontaines de l'âme emplies par les tombées de neige des grâces divines. C'est notre conscience bourbeuse qu'il faut creuser avec notre volonté, avec nos doigts. Ah ! ce ne sera pas sans peine, sans dégoût. D'abord comme ce sol semble dur ; impossible qu'il y ait une source là, une source en nous, en nous si secs...

Essayons tout de même...

Ah ! l'eau ! — les larmes ! — mais si boueuse qu'on la rejette trois fois ! Boueuse parce qu'elle est mêlée aux impuretés de la vie, parce que la surface du cœur est boueuse... mais voici qu'elle se filtre et s'épure, s'agrandit et s'écoule... Vraiment oui, il y avait dans l'âme une source qu'on n'y savait pas !...

. . . . . . . . . . . . . . . . . . . .

Or le mince filet grossissait dans la Grotte. D'abord, ce n'avait été qu'une fraîcheur dans ce creux de sable ; puis quelque gouttes avaient suinté, empli l'orifice ; puis un ruisselet avait paru, coulé ; enfin un ruisseau. Et voici que bientôt c'est un jaillissement immense, intarissable, où l'on porte les désespérés du monde, où les âmes désolées se traînent. C'est une eau merveilleuse qui guérit toutes les infirmités, ressuscite les moribonds, lave la lèpre des péchés, verse à flots la santé et la joie. C'est le remède des corps perdus, le dictame des cœurs défaillants, la fontaine de vie, de force, de résignation, la source où les peuples altérés viennent boire...

...Et tandis que chacun était retourné à la ville, la source que la Vierge nous donna par les doigts frêles d'une enfant filtrait, ruisselait, grossissait toujours...

. . . . . . . . . . . . . . . . . . . . .

Quotidiennes, les extases se succédaient dorénavant. Et chacune d'elles était un chant développant l'ordre sublime du divin poème des apparitions.

Désormais, à l'incrédulité, aux moqueries du début, l'enthousiasme populaire avait succédé. Cette foule sans cesse grossissante était enfin convaincue et vaincue par le rayonnement de l'enfant. Tous s'humiliaient, priaient et le garde champêtre en personne, vieux militaire rigide, « donnait l'exemple ; à genoux, il baisa la terre plusieurs fois (1) ».

Même un jour, avisant de nouveaux venus peu habitués à cet exercice de piété, il se retourna tout vibrant et d'une voix tonnante ordonna : « Baisez la terre tous (2) ! »

Détail risible, grotesque même s'il n'était imprégné du sublime qui bouleversait les cœurs.

Vers la fin de la quinzaine, le 2 mars, la Dame chargea Bernadette d'une importante commission. Au monde, par les lèvres de la petite bergère, elle parla : « Allez dire aux prêtres de faire bâtir ici une chapelle (3). » — « Je veux aussi qu'on y vienne en procession. »

Mais, l'avant-dernier jour de la quinzaine, le 3 mars, la pauvre petite Bernadette, alors qu'elle n'avait plus, selon les apparences, que deux fois à savourer les joies de l'apparition, eut encore une déception cruelle; elle eut beau prier, regarder, l'ogive du rocher resta vide, la Dame ne se montra pas.

(1) P. Cros, *N.-D. de Lourdes*, p. 91.

(2) *Ibid.*, p. 91.

(3) Selon certaines sources la Vierge aurait dit : « Dites au curé » ; visant ainsi le curé de Lourdes.

Avec un profond chagrin — car quelle joie ravie c'était pour elle ! — l'enfant avoua tout de suite son malheur. Ne pouvant se résoudre à cet abandon de la Dame, elle revint à la grotte dans l'après-midi, et la Vierge lui apparut un bref instant. C'en fut assez néanmoins pour la consoler et la rassurer, car la pauvrette se croyait en faute. Mais la Dame lui déclara qu'elle n'avait pas voulu se montrer le matin parce que des gens venus en curieux, ayant passé la nuit à la grotte, l'avaient déshonorée. Et c'était vrai : le bruit en courait déjà dans la foule, l'on savait « qu'on avait fait des sottises à la grotte (1) ».

Inquiétante leçon pour Lourdes où une ruée de curieux, de sceptiques et de faux dévots mêlés aux pélerins, cause, paraît-il, bien des scandales.

Pour en racheter un seul sur ce sol privilégié, qu'on pense cependant à ce qu'il doit falloir de prières. Qu'on songe que chaque offense se solde par une diminution de grâces pour les malades et les souffrants, et qu'on prenne garde, car si le mal devenait trop grand, l'Immaculée pourrait bien cesser d'apparaître, sous forme

(1) P. Cros, *N.-D. de Lourdes*, p. 124.

de miracles, pour un moment ou pour toujours...

Enfin le dernier jour de la quinzaine arriva ! De tous les petits villages montagnards de la Bigorre, les gens étaient venus en foule, recueillis et priant, par la nuit calme et claire d'étoiles.

Ils s'imaginaient que, dans ce dernier rendez-vous, la Dame, qu'on nommait déjà la Vierge, se manifesterait à tous ou ferait quelque éclatant miracle. C'est pourquoi l'aurore trouva les abords de la grotte noirs de monde : il y avait des gens accrochés, malgré le danger, aux rochers, suspendus aux arbres; et la grande prairie de l'autre côté du gave n'était qu'une masse mouvante. Vingt mille âmes au moins, accourues de près comme de loin, des villages voisins ou de l'autre bout de la France, se pressaient là.

L'enfant, perdue dans cette multitude, arriva. Simple, comme si elle eût été à l'église, elle s'agenouilla, puis elle eut le même élan du corps, le même rayonnement de la face ; elle voyait. Près d'une heure, elle resta en extase, pâle, transfigurée, merveilleuse à voir, puis son visage perdit sa clarté, ses traits s'abaissèrent... La dame était en allée !

Et rien n'était apparu à la foule, aucun miracle ne s'était produit.

Tout au moins, l'enfant avait-elle une communication à faire ? On s'empressa de l'interroger ; mais non, elle n'avait vu, comme toujours, que la Dame qui souriait sans avoir seulement dit son nom.

Quoique déçue dans ses espérances de merveilleux, la foule reconduisit la voyante avec enthousiasme, tant elle s'était montrée radieusement belle. On la touchait, on l'embrassait, on voulait lui faire bénir des chapelets. Elle s'en défendait en disant ennuyée : « Que voulez-vous que j'y fasse, je ne suis pas prêtre, moi (1) ! » Puis, excédée de l'insistance des gens, elle les faisait toucher au sien très simplement. Toutes ces ovations lui étaient bien à charge, et le soir, comme on lui demandait si elle était fatiguée : « Oh oui ! répondit-elle en souriant, quand ce ne serait que des embrassades (2). »

A cette humble petite âme, toute désireuse de silence, ce bruit et ces démonstrations répugnaient.

(1) P. Cros, *N.-D. de Lourdes*, p. 139.

(2) *Ibid.*, p. 131.

... Or la quinzaine était finie ! Durant cette courte période, il avait régné sur la vallée de Lourdes un temps très doux réjoui d'un perpétuel sourire de soleil, sorte d'exquis petit printemps égaré dans les rafales de février, exceptionnel printemps de grâces aussi épanoui parmi les tempêtes du siècle et vers qui le souvenir attendri se tourne.

Puis les journées redevinrent froides, le temps s'assombrit et la neige se mit à tomber, à recouvrir tout, les montagnes, la ville et la grotte comme si la nature eût voulu envelopper ce souvenir d'un grand voile blanc.

. . . . . . . . . . . . . . . . . .

« Retourneras-tu à la grotte, demanda-t-on à Bernadette, maintenant que la quinzaine est finie ? » — « Oh oui ! dit-elle, mais je ne sais pas si la Dame y viendra. » Et poussée par le merveilleux souvenir dont elle vivait, altérée de cette joie qui la ravissait en extase, l'enfant s'y rendit souvent, mais sans plus rien voir.

Il neigeait...

## CHAPITRE V

### DERNIÈRES APPARITIONS

Les jours passèrent...

Mars touchait à son déclin. Après cette dernière tombée de neiges, le vrai printemps venait d'arriver. L'air était doux, l'azur nouveau, une couronne de blancheurs brillait seule aux cimes, et les ruisseaux coulaient plus fort, et les premières petites fleurs perçaient les haies. Bernadette cependant ne voyait plus.

Mais dans la nuit du 24 mars, veille de l'Annonciation, elle s'éveilla soudain avec un désir si vif d'aller à la Grotte qu'elle appela timidement ses parents pour les prévenir. Eux d'abord ne voulaient pas, car elle était très enrhumée; puis devant son insistance ils cédèrent.

Avant l'aube, vers quatre heures du matin, l'enfant, accompagnée de sa mère, courut à Massabielle. Sitôt arrivée elle tomba en extase : la Dame l'attendait déjà. Et toutes deux, la Bergère et la Vierge, se parlèrent, et l'enfant, comme elle l'avait déjà fait plusieurs fois, demandait à la Dame son nom. Après avoir baisé la terre, elle disait : « Ma Dame, voulez-vous avoir la bonté de me dire qui vous êtes ? (1) »

Deux fois elle répéta sa demande, émue, tremblante, sentant à je ne sais quel frémissement que quelque chose de grand allait venir. La Dame souriait ; et ce sourire noyait le cœur de l'enfant d'une joie indéfinissable.

Elle s'enhardit, questionna de nouveau suppliante. Alors la Dame fit un geste des bras ouverts, tendit les mains comme quelqu'un qui donne. Elle donna le trésor de son nom : « Je suis l'Immaculée Conception ! »

Elle disait cela à Bernadette, mais comme par-dessus Bernadette pour le monde entier. Et souriante, elle disparut !...

L'eau miraculeuse murmurait...

(1) P. Cros, *N.-D. de Lourdes*, p. 146.

Or c'était en la fête de l'Annonciation, l'anniversaire du jour où l'ange Gabriel apparut à la Vierge alors humble jeune fille de Galilée pour lui dire : « Ave, Maria. »

Bernadette sentait bien qu'une très grande révélation venait de se faire, elle comprenait que la Dame avait enfin dit son secret, donné son nom, qu'elle était la Vierge. Mais le sens exact du mot, de ce mot qu'elle ignorait jusqu'alors, qu'elle entendait pour la première fois, elle ne le comprenait pas (1).

(1) Nous ne voulons pas dire que Bernadette n'eût jamais entendu prononcer le mot Immaculée Conception, ni qu'elle ignorât qu'il s'appliquait à la sainte Vierge, car le dogme de la conception immaculée de Marie était promulgué depuis quatre ans déjà, et son culte très ancien à Lourdes. Mais elle ignorait le sens du mot puisqu'elle demanda naïvement le soir même à Mlle Estrade : « Qu'est-ce que cela veut dire l'Immaculée Conception ? » Bien plus, il est certain qu'elle ignorait l'expression même « *Je suis l'Immaculée Conception* », terme non seulement inusité, mais réellement inexistant auparavant et par lequel la Vierge, avec une hardiesse de langage déroutante et d'ailleurs sublime et dont l'ignorante petite Bernadette eût été bien incapable, identifiait son nom même à l'attribut dont avait été qualifiée sa conception privilégiée.

Puisque Bernadette était inapte à trouver et créer cette

Et revenant en toute hâte, porteuse du précieux secret, vers le presbytère, elle se répétait sans cesse à elle-même, pour ne les oublier pas, ces syllabes inconnues qui étaient le nom de la Dame : « *Que soy ér Immaculada Conceptiou.* »

Ce fut à un des vicaires qu'elle les redit d'abord ; troublé, mais doutant encore, le prêtre l'adressa au curé. Le curé, qui ne voulait pas croire aux apparitions, répondit bourru : « L'Immaculée Conception ! la Dame ne peut pas porter ce nom (1). »

Mais Bernadette, elle, savait bien que si, et sa simplicité d'enfant très pure n'en était pas étonnée.

Et l'apparition, qui jusque-là n'avait été pour elle que « la fille » d'abord et « la Dame » ensuite, devint désormais sur ses lèvres pour toujours : Notre-Dame de la Grotte.

... Maintenant surtout qu'elle savait avoir vu la Vierge, elle ne pouvait se résigner à la croire disparue pour jamais. Elle retournait donc à Massabielle aussi souvent qu'elle pouvait. Mais hélas ! la Dame ne se montrait plus.

expression vraiment nouvelle, il faut bien admettre qu'elle lui a été révélée.

(1) P. Cros, *N.-D. de Lourdes*, p. 149.

Enfin par une belle journée de clair printemps, le 7 avril, l'apparition, que rien ne faisait pressentir, se montra encore et l'enfant fut ravie en extase.

Ce jour-là eut lieu un fait très authentique et que nous raconterons plus loin, le miracle du cierge, le prodige de la flamme léchant pendant un quart d'heure les doigts de la voyante sans les brûler (1).

. . . . . . . . . . . . . . . . . . . .

Le temps coula. Aux douceurs fugitives du printemps, les splendeurs mornes de l'été avaient succédé.

Toujours semblable extérieurement à ses compagnes, Bernadette était devenue plus pieuse, plus grave, plus réfléchie. Elle avait fait sa première communion. Elle retournait sans cesse à la Grotte, mais la Dame ne s'y trouvait plus. Le cycle des apparitions semblait clos définitivement.

Puis vint le jour où elle dut cesser ses visites à Massabielle, la municipalité en ayant interdit l'accès. Alors elle alla prier en face de la Grotte, dans les prairies de l'autre côté du Gave.

(1) L'on trouvera le récit de ce phénomène pp. 292 et suiv.

Et voici qu'après quatre mois, un soir d'été, le 16 juillet, jour de la fête du Mont-Carmel, comme elle était là à l'heure du crépuscule, priant toujours mais n'attendant plus rien, elle vit encore.

Elle vit, malgré l'éloignement, le Gave, les obstacles ; elle vit la Vierge tout comme avant, si douce, si touchante, si belle qu'elle cria : « La voilà ! Oh ! elle nous fait signe et nous sourit par-dessus les barrières (1). »

Et toutes distances abolies, tous obstacles disparus, elle tomba en extase, transfigurée, comme si elle était à ses pieds. Elle voyait...

Puis la vision se retira doucement comme un soleil de joie s'éteint. La nuit venait...

. . . . . . . . . . . . . . . . . . .

Le jour de la foi baisse aussi, l'âme humaine s'attriste du divin idéal perdu et parle du crépuscule des dieux. Est-ce qu'une longue nuit de doute ne va pas recouvrir la terre? Il semble que les obstacles augmentent entre l'âme et le Christ : on le chasse un peu de partout, on empêche le peuple de s'approcher de ses autels. S'en va-t-Il? Non, c'est l'homme qui se retire, hélas, et ce n'est pas Dieu qui s'en va.

(1) ESTRADE, *Les Apparitions de Lourdes*, p. 157.

Mais il est encore des âmes dont la joie est de croire et qui vous cherchent toujours, ô Vierge, lumière des consciences tranquilles, céleste fiancée des cœurs purs; à ces âmes, par-dessus toutes les barrières, souriez-leur.

. . . . . . . . . . . . . . . .

Bernadette est revenue bien souvent à la Grotte, mais elle n'a plus revu la Dame, ni le lendemain, ni les jours suivants, ni jamais...

# DEUXIÈME PARTIE

---

# LE CADRE DES APPARITIONS

# LE CADRE DES APPARITIONS

« Cette enfant devait sombrer cent fois ! D'autant que le clergé la laissait seule sans défense attendant impassible que la lumière se fît. »

BOISSARIE.

Pour ne pas entraver le récit des apparitions, nous n'avons présenté jusqu'ici que les seuls rapports de la voyante et de la Vierge en les dégageant avec soin de tous les événements contingents.

Il faut maintenant replacer ces phénomènes dans leur cadre naturel, exposer les circonstances de leur développement, montrer les obstacles qu'ils ont surmontés, expliquer l'influence qu'ils ont exercée, dénombrer enfin leurs témoins, leurs partisans et leur ennemis.

Pour bien saisir l'exposé parfois minutieux de ces détails, comme pour bien comprendre le plan providentiel des apparitions, l'on ne doit pas perdre de vue :

Que Bernadette était une enfant timide, ignorante, infime ; qu'elle se heurta tout à la fois à *l'incrédulité générale des foules* ; — *à l'opposition acharnée des pouvoirs civils* ; — *au scepticisme prolongé du clergé;* et que pourtant elle persuada les foules, vainquit les autorités, convainquit le clergé, triompha, en un mot, de tout et de tous, parce qu'il y avait en elle : la Vérité.

# CHAPITRE PREMIER

## BERNADETTE ET LES FOULES

La première des apparitions n'avait eu que deux seuls et bien humbles témoins : Toinette et Jeanne Abadie; la seconde en compta déjà une douzaine; puis, en dépit des soins pris pour écarter les curieux, l'assistance grandit rapidement. Cinquante, cent et bientôt mille personnes se trouvèrent, malgré l'heure et malgré le froid, réunies, à l'aube, l'hiver, au bord du Gave, devant la grotte ; et, le dernier jour de la quinzaine, vingt mille âmes s'étaient assemblées là.

A la solitude primitive la multitude avait donc succédé.

Mais cette foule qui faisait enfin acte de présence, faisait-elle aussi acte de foi ? Au début nullement, le scepticisme était alors général; mais, par une merveilleuse transformation, il se mua peu à peu en une croyance presque universelle.

Que personne n'ait cru d'abord à l'apparition, cela ressort des faits. En effet Toinette, quand sa sœur lui avoue avoir vu une dame blanche, hausse les épaules et répond : C'est un rocher blanc ! La mère Soubirous traite également cela de billevesées et défend à l'enfant de retourner à la grotte. La supérieure de l'hospice gronde Bernadette et cherche aussi à lui persuader qu'elle a été victime d'une illusion. Les habitants de Lourdes considèrent, eux, la voyante comme menteuse ou folle. Le clergé refuse de se mêler, même par sa présence, à cette aventure qu'il juge scandaleuse. Enfin les autorités s'efforcent de démasquer ce qu'ils considèrent comme une duperie.

Donc, depuis la mère de l'enfant, jusqu'au curé de Lourdes, en passant par la foule, nul ne croit. En butte à tous les scepticismes, à toutes les moqueries, la petite voyante est bien réellement seule, sans un encouragement, sans un appui.

Puis voilà que cette foule, tout d'abord et tout entière incrédule, se met à croire progressivement, par étapes, parce qu'attirée à la grotte par curiosité, elle y a vu des choses prodigieuses. Ce changement ne va pas certes sans lutte intérieure ni même sans altervatives de retour, sans rechutes de doute. Ainsi le jour où l'apparition ne se montre pas « à cause des gendarmes »; le jour surtout où Bernadette gratte le sol avec ses doigts et boit de l'eau boueuse, la plupart perdent confiance, retombent à l'incrédulité. Il se produit une éclipse dans leur foi ou plutôt elle n'est que voilée d'un nuage après la disparition duquel elle revient, par réflexion, plus claire, plus pénétrante, plus absolue. Toutes les âmes se laissèrent donc par gradations et selon leur degré d'opacité, oserait-on dire, ou de transparence, pénétrer par la lumière de la vérité.

Elles crurent à la présence de la Dame invisible parce qu'elles virent en quelque sorte son reflet se mirer sur le visage transfiguré de la voyante.

Elles crurent encore à cause de la sincérité de Bernadette qui s'avérait indiscutable dès qu'on la connaissait si simple, si naïve et si franche.

Elles crurent aussi à cause de la découverte merveilleuse de la source inconnue.

Elles crurent surtout à cause des guérisons

inexplicables qui se produisirent par la vertu de cette source révélée par le regard de la Vierge, jaillie sous les doigts de la voyante.

Mais quels furent les croyants ? D'abord les enfants, les femmes, les ouvriers carriers qui, chaque soir, leur journée finie, venaient travailler pieusement à rendre accessible le sentier de la grotte, c'est-à-dire les humbles d'esprits, les plus naïfs, mais ceux aussi peut-être dont l'âme était plus transparente. Puis les orgueilleux eux-mêmes, les mondains malgré leurs relations, les militaires en dépit de leur uniforme, les fonctionnaires au dédain de leur situation, s'approchèrent, s'agenouillèrent, prièrent. Enfin vint le tour des sceptiques et des esprits forts, de ceux-là qui avaient d'abord dit de la masse des croyants : « La foi naïve et l'exaltation de ces braves gens ne m'inspiraient que de la pitié... je les tournais en ridicule (1). »

Même les plus acharnés ennemis de l'apparition, comme le commissaire de police, en vinrent un jour à s'agenouiller devant Celle qu'on ne voyait pas, mais qu'on sentait là, et qui courbait tout le monde sous l'étonnante puis-

(1) Estrade, *les Apparitions de Lourdes*, p. 1.

sance de son rayonnement invisible. Nul spectateur en vérité, même le plus prévenu, ne vint et ne vit Bernadette en extase sans emporter au moins la persuasion de sa bonne foi. Tous les assistants sans exception crurent au moins à la sincérité de la voyante et presque tous admirent la réalité de l'apparition.

De même que la solitude de la grotte se muait en un concours de multitudes, l'incrédulité primitive s'était transformée en foi.

# CHAPITRE II

## BERNADETTE ET LES AUTORITÉS

La foule gagnée, restaient deux puissants adversaires : les pouvoirs civils et les pouvoirs religieux ; les autorités et le clergé.

Les autorités de Lourdes, loin de prendre ombrage de la nouvelle des apparitions, s'unirent d'abord sans réserves au concert universel des railleries. Les fonctionnaires firent des gorges chaudes de l'aventure. Il ne fallut rien moins que l'excitation populaire bientôt croissante pour les tirer de leur apathie narquoise et leur faire envisager sérieusement la situation. Deux constatations évidentes, ou qui semblaient telles, s'offraient: d'une part l'émotion causée dans la ville par les affirmations de la voyante ;

d'autre part l'invraisemblance d'apparitions surnaturelles. Dès lors une conclusion s'imposait : sévir. Et sévir promptement, car un souffle irrésistible emportait maintenant vers la grotte les esprits faibles; bouleversait par contre de fureur les esprits forts, bref divisait cette paisible population de Lourdes et troublait la tranquillité publique.

Il devenait urgent d'étouffer ce germe de désordre et de discorde, et comment l'eût-on fait sinon en démasquant le mensonge de la voyante, en coupant court à cette poussée de fanatisme imbécile, en déclarant la guerre aux apparitions ? Tel fut le parti adopté.

Cette intervention des pouvoirs n'a pas besoin d'excuse; elle était naturelle, elle était logique. La Sainte Vierge apparaître en plein dix-neuvième siècle de lumière ? Allons donc ! Et apparaître où ? Dans une grotte sauvage des Pyrénées! Et à qui ? A une petite miséreuse parlant pour tout potage patois et grattant, comme on le lui vit faire, ses poux dans sa tête après l'une des apparitions! Tout cela n'avait pas de bon sens. Pas un doute n'effleura l'esprit des fonctionnaires, leur bonne foi du début fut entière.

Fatalement voués au scepticisme, ils furent nécessairement portés aux hostilités. Combattre cette erreur leur sembla le devoir, et l'on ne saurait raisonnablement les en blâmer.

Mais cette répression, justifiée d'abord et même juste si elle avait su rester modérée, dégénéra vite en excès. Et rien n'excuse plus les injustices, les illégalités, les tentatives de violence même que bientôt les autorités exaspérées par la résistance d'une enfant, aveuglées par l'orgueil et incitées par celui qui dissimule son action néfaste sous les déterminations humaines, se laissèrent aller à commettre.

Loin de combattre loyalement, comme c'eût été leur droit, en se contentant de tout l'avantage que la force de leur situation et les lois leur donnaient sur un si humble adversaire, les magistrats lui opposèrent mille obstacles brutaux, mille embûches perfides.

Dans de telles conditions, ne devient-il pas permis de croire que toutes ces barrières furent élevées, toutes ces chausse-trappes tendues par l'esprit du mal pour anéantir au début un événement qui devait avoir dans les âmes un retentissement immense; pour écraser ce qui était peut-être le germe de résurrection d'une société agonisante déjà de sensualité et d'orgueil (1) ?

Et ne rentrait-il pas aussi dans le plan de la Providence de tolérer toutes ces manœuvres et ces épreuves pour ménager aux apparitions une plus éclatante victoire; pour tirer du choc des négations l'étincelle de la vérité; pour imprimer à l'œuvre de Lourdes le sceau de la contradiction, et en établir aux yeux des générations futures l'authenticité absolue; pour mieux convaincre enfin l'âme humaine toujours volontiers sceptique en faisant triompher une chétive et ignorante enfant des gendarmes et des gens de science et des gens de loi, bref de toute la hié-

(1) L'impitoyable persécution des autorités, et les manœuvres brutales et déloyales des fonctionnaires sont d'autant plus incompréhensibles naturellement que ces gens étaient d'honnêtes gens, et plusieurs même notoirement catholiques; qu'en outre, ils ne furent mus ni par un sentiment d'antipathie personnelle contre Bernadette, puisqu'ils reconnurent tous sa sincérité, ni par la nécessité d'assurer la sécurité publique, puisqu'ils avouèrent volontiers « que l'ordre le plus parfait a toujours régné à Massabielle »; c'était donc bien l'apparition même, le principe surnaturel, le mouvement religieux qu'ils cherchèrent, inconsciemment sans doute, à anéantir. Dès lors n'apparaît-il pas qu'ils furent vraiment et surtout les instruments d'une influence diabolique.

rarchie des pouvoirs ayant ligué contre elle, si faible, si seule, toutes leurs ruses et tous leurs efforts. A ceux qui ont encore la faiblesse de croire aux interventions divines et malignes dans le domaine des consciences et des actions humaines, l'histoire de la Grotte peut donc apparaître comme un épisode de l'éternelle lutte des esprits de lumière et de ténèbres se jouant à travers les âmes et les événements terrestres.

*
* *

Ce fut le procureur impérial qui ouvrit les hostilités. Le dimanche 21 février, jour de la sixième apparition, il fit mander Bernadette en son bureau, et, s'appuyant sur l'autorité des parents de l'enfant et des sœurs de l'hospice également incrédules, il chercha d'abord à la persuader doucement de l'irréalité de ses visions. Puis la trouvant résolument entêtée, il l'accusa, soit de bonne foi, soit par jeu d'intimidation, de chercher à se rendre intéressante, à exploiter au profit de sa misère la pitié, la piété publiques. Odieux soupçon dont dut profondément souffrir la fière fillette qui n'avait jamais, même aux jours de misère et de faim, demandé l'aumône.

Cependant, faute de faits et de preuves, d'indices même pour appuyer son allégation, le procureur voulait bien se contenter d'une simple promesse de ne pas retourner à la grotte ; mais Bernadette affirma très haut sa volonté d'être fidèle aux célestes rendez-vous. Elle, si timide pour le reste, fut inébranlable sur ce point. Et comme le magistrat s'étonnait de son obstination, voulait en pénétrer le motif, elle le lui livra dans cette éloquente et naïve réponse : « Oh ! c'est que j'y trouve trop de joie. (1) »

Désarmé par la sincérité de la voyante et n'ayant rien pu trouver en elle de répréhensible, le procureur la renvoya libre.

Mais à cette simple escarmouche succéda le même jour, après vêpres, une bataille en règle livrée par un adversaire autrement acharné et redoutable : le commissaire de police de Lourdes, M. Jacomet. Ce fonctionnaire extrêmement adroit et retors, qui sut d'ailleurs parvenir à de très hauts emplois dans sa carrière, était un sceptique en matière d'hommes. Même derrière les honnêtes gens, il croyait apercevoir des coquins : état d'esprit professionnel ! C'est dire qu'il considérait Bernadette comme

(1) Estrade, *les Apparitions de Lourdes*, p. 51.

une simple petite menteuse, et qu'il se faisait fort, lui policier habile, de retourner en un tour de main cette chétive.

Ce fut un vrai petit drame que la lutte de cette enfant ignorante et timide, forte de la simple vérité, contre cet homme armé de son prestige, de son astuce et de son attirail de lois. Un ami de M. Jacomet, un fonctionnaire alors sceptique lui aussi mais qui se convertira plus tard et se fera même l'historien de Bernadette, assistait à l'interrogatoire et nous en a conservé un récit auquel nous empruntons la plupart des détails suivants.

Le commissaire prit d'abord son air le plus doux, le plus affable, fit asseoir Bernadette comme s'il devait des égards à sa qualité de voyante, puis d'un ton insinuant et avec un sourire amical : « On m'assure qu'il se passe des choses merveilleuses à Massabieille, Bernadette, et que tu y vois une belle dame. Raconte-moi donc tout, ma petite ? »

L'enfant, d'une voix douce et naïve, narra, sans complaisance comme sans réticence, les apparitions. Elle n'en préjugeait rien d'ailleurs, n'en tirait aucune conclusion, ni même aucune réflexion. Nul effort, nul travail, nulle gêne dans son discours : elle avait vu, et ce qu'elle avait vu, elle le revivait en paroles tout simplement. Elle disait ainsi candidement des choses surprenantes, et son humble récit fait en patois avait le charme d'une merveilleuse légende.

Le commissaire l'arrêtait parfois pour préciser un détail, poser une question et, fiévreusement, griffonnait des notes. Enfin l'enfant s'arrêta de parler et l'homme d'écrire : l'une avait fini son histoire, l'autre terminé son dossier.

Après l'avoir étudié un moment, ce dernier releva la tête, et, découvrant brusquement ses batteries, entreprit ce que son ami présent, M. Estrade, appelle « une guerre de traquenards ».

Au fond, quoique ce procédé répugne, c'était parfaitement son droit. Puisqu'il croyait Bernadette coupable, il avait intérêt à la démasquer par tous les moyens, et nous ne saurions assez nous réjouir qu'en les employant il ait apporté une preuve précieuse de la sincérité de l'enfant.

Coup sur coup, sans lui laisser le temps de respirer ni de réfléchir, il lui posa des questions rapides, perfides, contradictoires Qu'elle faillît, qu'elle faiblît une fois, elle était perdue. Mais nulle hésitation, nulle contradiction ne sortit des lèvres naïves de cette petite. Alors changeant de tactique, Jacomet joua l'intimidation. Il prétendit *savoir* qu'elle mentait, savoir même qui lui avait appris et conseillé de jouer ce rôle.

Il la cuisinait, comme on dit en argot de police, dans l'espoir de la faire se couper, ou avouer.

Mais Bernadette, soutenant le regard perçant du policier de son regard pur jusqu'à l'âme, ne se troubla pas. Tout en restant d'une simplicité parfaite, elle répondait avec une assurance absolue ; quelque chose de plus fort que la raison parlait en elle : la Vérité !

Enfin, toujours fertile en expédients, le commissaire rédigea, tout en le semant d'erreurs et de contradictions volontaires, un bref procès-verbal des faits énoncés par la voyante. Puis il le lut avec une rapidité étourdissante et une véhémence qui n'admettait ni réflexion, ni démenti. Mais Bernadette de sa voix calme et douce l'arrêtait à chaque inexactitude : « Je n'ai pas dit cela ;... je n'ai pas dit cela », et le policier avait beau contester, prétexter des notes prises sous sa dictée ; elle répondait : « Non pas, Monsieur, je ne l'ai point dit... cela n'était pas ainsi.., ». Et toujours l'homme « fut obligé de céder aux justes réclamations de l'enfant (1) ».

Telle fut la lutte vraiment palpitante et la victoire — l'étonnante victoire du moucheron brisant la toile d'araignée — de cette fillette qui n'avait que ses ailes sur cet homme rusé qui l'entourait d'un réseau d'embûches.

Et ceci n'est pas du roman, mais de l'histoire, c'est Estrade, l'ami de Jacomet, qui en témoigne et qui rédigea sur-le-champ les termes d'un interrogatoire qui l'avait si vivement frappé.

« Bernadette, dit-il, redressa ainsi sans hardiesse, mais aussi sans timidité, toutes les variantes que le commissaire à dessein avait introduites dans son récit... Rien ne m'a frappé comme l'attitude de Bernadette devant le commissaire. M. Jacomet feignait de la menacer du regard et même de la main : Bernadette demeura également sereine et calme (2). »

Vaincu, le policier eut encore une géniale idée : s'il était à bout de ressources, l'enfant

(1) Laserre, *N.-D. de Lourdes*, p. 77.

(2) Estrade, *les Apparitions de Lourdes*, p. 81, et P. Cros, *N.-D. de Lourdes*, p. 58.

devait être à bout de forces ; il songea donc qu'en usant de son prestige pour lui interdire d'autorité l'accès de la grotte, il terminerait aisément l'affaire. Se levant avec violence, il cria : « Si, à l'instant, tu ne promets pas de ne jamais retourner à Massabielle, j'envoie chercher les gendarmes et je te fais mettre en prison (1). »

Les gendarmes ! la prison ! Quels épouvantails pour une pauvrette comme celle-ci, si scrupuleuse, si timorée que nous l'avons vue ne pas même oser, lors de la première apparition, ramasser du bois mort sur le terrain d'autrui pour n'être pas prise pour une voleuse.

Or voici qu'à cette troublante éventualité une voix s'élève en elle plus forte que la crainte, la voix de sa promesse, la voix de la Dame qui l'appelle à la grotte. Elle répond : « Non, Monsieur, j'ai promis à la Dame d'y revenir. »

A ce moment, juste à temps pour sauver le commissaire fourvoyé dans un imprudente menace, la porte s'ouvrit et une tête de montagnard se montra : « Que voulez-vous, dit Jacomet ? » — « Je suis le père », répondit l'homme timidement. C'était, en effet, François Soubirous

(1) ESTRADE, *les Apparitions de Lourdes*, p. 82.

venu pour réclamer sa fille, mais rendu soudain tout craintif par la présence du commissaire. « Ah ! vous arrivez à point... père Soubirous, fit celui-ci, souple à se prêter aux situations. Je vous préviens que si vous n'avez pas assez d'autorité pour retenir votre fille chez vous, j'en aurai, moi, assez pour la retenir ailleurs (1). » — « Monsieur, répondit le pauvre diable, beaucoup plus effrayé que Bernadette parce qu'il n'avait ni la même certitude, ni le même soutien, nous aussi en avons assez de tout cela, et des tas de gens qui viennent chez nous voir la petite : nous lui défendrons de retourner du côté de Massabielle. »

. . . . . . . . . . . . . . . . .

En apprenant que la voyante était néanmoins retournée à la grotte — poussée qu'elle y fut l'on s'en souvient par une force invisible — Jacomet se crut joué ; mais que faire ? il n'avait aucun droit de défendre l'accès de Massabielle...

Le voyant perplexe, un des esprits forts de Lourdes, le juge d'instruction, le plaisanta de n'avoir pas su démasquer cette gamine soi-disant

(1) ESTRADE, *les Apparitions de Lourdes*, pp. 82-83.

visionnaire. Piqué au vif, Jacomet lui passa la main en l'engageant à faire mieux. Le dimanche suivant, Bernadette fut donc appelée pour subir un nouvel interrogatoire du juge. Mais celui-ci, malgré ses prétentions, n'était pas de la force du commissaire ; toutes ses ruses se brisèrent devant la naïve sincérité de la fillette et son impuissance se changea bientôt en une maladroite et grotesque colère. Il traita l'enfant de « polissonne » et la menaça de la prison. Alors, devant tant d'injustice, cette petite miséreuse, cette infime eut un mouvement de révolte bien étrange ; poussée par on ne sait quelle inspiration, elle fit vivement cette réponse à la Jeanne d'Arc : « Mettez m'y donc et qu'elle soit solide et bien fermée, et je m'échapperai (1). »

A ces mots la colère du juge ne connut plus de bornes, il perdit toute mesure et menaça brutalement l'enfant : « Je te ferai mourir en prison (2). »

La supérieure de l'hospice, venue assister Bernadette, demeurait là terrifiée, interdite de tant de violence et suppliait naïvement : « Je

(1) P. Cros, *N.-D. de Lourdes*, p. 94.

2() Id., *Ibid.*, p. 94.

vous en prie... ne faites pas mourir la petite! »

Mais Bernadette, elle, soutenue vraiment par une force d'en haut, restait fort calme.

Le cantonnier, un rustre pourtant, qui assistait au colloque, fut lui-même frappé de cette attitude : « Il fallait que Bernadette fût sainte, dit-il, ou qu'elle eût beaucoup d'inspiration pour être de sang-froid comme elle l'était, cette petite (1). »

Finalement, le juge dépité dit au commissaire : « Lâchons-la, nous n'avons rien à mordre avec elle (2). » Et l'enfant partit en disant : « J'irai, car c'est jeudi le dernier jour (3). »

Cet interrogatoire était injuste, condamnable pour sa violence et en outre illégal, car l'affaire n'était pas du ressort du juge d'instruction, mais n'est-il pas bon que la sincérité de Bernadette ait été une fois de plus éprouvée ; elle n'en porte que plus apparente l'empreinte du Surnaturel.

*
* *

Décontenancés par leurs échecs mais non pas

(1) P. CROS, *N.-D. de Lourdes*, p. 94.
(2) ID., *Ibid.*, p. 94.
(3) ID., *Ibid.*, p. 94.

abattus, le commissaire de police, le procureur impérial, puis le maire, puis l'instituteur laïque qui ne voulait pas être en reste de zèle, tous firent au préfet leur rapport sur l'événement de Massabielle. Ils dépeignaient de façon alarmante le concours croissant de la population et l'émotion de jour en jour grandissante, et, n'ayant pu par eux-mêmes venir à bout de la voyante et des apparitions, ils demandaient des ordres en haut lieu.

Le baron Massy, préfet de Tarbes, en réponse aux communications des autorités, donna ordre de faire explorer et visiter la Grotte pour s'assurer qu'aucune manœuvre de fraude n'y pouvait être pratiquée.

Cet ordre arriva la veille du dernier jour de la quinzaine. La Grotte, déjà minutieusement fouillée par la police comme par les curieux, le fut donc une fois de plus officiellement, puis resta gardée pendant toute la nuit jusqu'à l'arrivée de la voyante. On eût dit vraiment que, par un dessein secret de la Providence, toutes ces précautions n'étaient prises que pour mieux éclairer les faits aux yeux de l'histoire et dissiper définitivement tout soupçon de fraude et de comédie.

En même temps le commissaire de police faisait attentivement surveiller les allées et venues de la famille Soubirous. « Tout un système de surveillance occulte, dit Estrade, fut établi autour du vieux cachot de la rue des Petits-Fossés. Le père et la mère étaient épiés dans leurs moindres démarches, les enfants de la maison adroitement circonvenus pour obtenir d'eux quelque révélation indiscrète (1). »

On allait jusqu'à espionner ces pauvres gens le soir par les fentes de leur porte ou de leur volet. Mais rien d'anormal ne fut découvert; on ne relevait chez ces malheureux aucune manœuvre louche : « Tous les espionnages, toutes les ruses et tous les traquenards de la police n'aboutirent qu'à prouver une chose : c'est que la famille Soubirous était une famille honnête et de plus incorruptible (2). » Elle refusait en effet tous les cadeaux. Les autorités n'y comprenaient rien, et ne prévoyaient pas d'issue à l'affaire.

Cependant, la quinzaine terminée et Bernadette ne voyant plus la Dame, les visiteurs espacèrent

(1) Estrade, *les Apparitions de Lourdes*, p. 180.

(2) Id., *Ibid.*, p. 180.

leurs visites aux différentes heures du jour et leur affluence diminua. Il en résulta une période d'accalmie que les magistrats prirent bien à tort pour le dénouement de ce grand mouvement religieux. Déjà le préfet, croyant l'affaire terminée, en informait joyeusement le Ministre, qui s'était ému de l'aventure : « La journée de la dernière apparition, écrivait-il, se passa sans le moindre événement et la foule désappointée ne tarda pas à se disperser. Aujourd'hui, monsieur le Ministre, il n'est plus question de rien, et ceux qui avaient ajouté foi aux paroles de la jeune fille reconnaissent qu'ils avaient été dupes de ses hallucinations ; on croit en effet qu'il n'y a pas eu intention de fraude de sa part, car, quoique pauvre, elle a refusé toutes les offres d'argent qui lui ont été faites (1). »

Prenant ses désirs pour des réalités, le préfet allait vite en besogne, mais la vraie cause de ce délaissement d'ailleurs plus apparent que réel était moins le refroidissement des âmes que le refroidissement de la température. Aux splendides journées de la quinzaine, succédait en

(1) P. Cros, *N.-D. de Lourdes*, p. 141.

effet, l'on s'en souvient, une période de froids violents et de neiges épaisses, et l'on comprend que, dans ces conditions, il ne fit pas bon prier longtemps dans les courants d'air du bord du Gave. Le commissaire ne fut pas long à s'apercevoir de l'erreur commise en tablant sur un abandon : « Nous n'avons pas tardé à constater, avoue-t-il bientôt, que le mauvais temps en était la véritable et seule cause (1). »

En effet avec le soleil les manifestations de foi reprirent de plus belle par une procession de six cents personnes, portant à la Grotte « une niche ornée de mousse et de fleurs dans laquelle on avait placé une vierge de plâtre (2) ». Et le lendemain même de ce jour, le 24 mars, un coup de foudre vint bouleverser les autorités : Bernadette avait eu une nouvelle vision, et cette fois la Dame, ayant parlé, lui avait déclaré qu'elle était l'Immaculée Conception.

Jacomet éperdu écrit aussitôt au préfet : « Depuis le 4 mars nous n'avons pas eu affluence pareille. De la ville à la Grotte jusqu'à 10 heures

(1) P. Cros, *N.-D. de Lourdes*, p. 142.
(2) Id., *Ibid.*, p. 143.

du soir, va et vient continuel... Je ne crains pas d'affirmer que cette affaire ne finira jamais d'elle-même (1). »

A cette nouvelle de l'apparition du 24 mars, et de la révélation décisive qu'avait faite la Dame de son nom, le préfet, « qui s'était posé en irréconciliable des apparitions (2) », comprit comme Jacomet qu'il fallait pour en finir recourir aux moyens extrêmes.

Jusqu'ici la lutte des autorités contre Bernadette avait été sinon courtoise et loyale de leur part, du moins dénuée de brutalité en fait : on espérait toujours endormir l'affaire. Désormais tout changea. Et tout d'abord on eut recours à cette terrible loi sur les aliénés (3), dont — les journaux sont là pour nous l'apprendre — il arrive trop souvent qu'on abuse pour faire disparaître des individus gênants. Le préfet de Tarbes voulut user de cette loi qui permet, grâce à un certificat de médecin, de saisir quelqu'un et de l'interner sans jugement comme sans appel. Il tenta de séquestrer Bernadette. Sa lettre au Ministre des Cultes est

(1) P. Cros, *N.-D. de Lourdes*, pp. 151-152.

(2) Estrade, *Les Apparitions de Lourdes*, p. 216.

(3) Loi du 30 juin 1838.

sur ce point d'une franchise catégorique : « J'ai immédiatement donné l'ordre, dit-il, de faire examiner la jeune fille par un médecin et s'il y avait lieu de la faire interner ensuite à l'hospice (1)... »

Le maire de Lourdes, chargé par l'autorité supérieure de faire procéder à cet examen médical, forma, par scrupule. une commission composée de trois médecins. Complètement ignorants des phénomènes de la grotte, mais manifestement hostiles à la voyante et « s'épuisant depuis trois semaines à soutenir toutes sortes de théories sur la catalepsie, le somnambulisme, l'hallucination (2) » pour expliquer ses visions, ils offraient l'avantage de rejeter à priori toute manifestation de surnaturel. A la question morale des hommes de loi succédait ainsi l'inquisition physique des gens de science (3).

L'examen dut bien présenter quelques inci-

(1) P. Cros, *N.-D. de Lourdes*, p. 152.

(2) Laserre, *N.-D. de Lourdes*, p. 217.

(3) On eut bien soin d'écarter un homme comme le docteur Dozous qui avait suivi régulièrement les apparitions, constaté les phénomènes de l'extase, mais qui, tout incroyant qu'il fût encore, avouait déjà sa stupéfaction et son trouble.

dents grotesques, par exemple lorsque nos trois pédants tâtèrent longuement le crâne de l'enfant pour y découvrir, selon les théories de Gall et Broca alors en honneur, les protubérances de la folie. Mais aucune bosse révélatrice ne surgit sous leurs doigts. Par ailleurs, non seulement aucun indice d'aliénation mentale mais même aucun symptôme de nervosité n'apparut chez Bernadette, et rien de maladif qu'une « respiration légèrement anxieuse et sifflante » provoquée par un commencement d'asthme. Bref, ces médecins qui, malgré leurs préventions, étaient, il faut le reconnaître, incapables d'une action mauvaise, conclurent à l'inexistence de la folie chez la voyante et, qui plus est, à sa sincérité. Ils la prétendirent seulement hallucinée (1), mais ils reconnurent que son hallucination « ne pouvait faire courir aucun risque à sa santé (2) ».

Il devenait dès lors impossible de faire enfermer Bernadette comme folle : l'arme qu'avait choisie le préfet s'était brisée entre ses mains.

(1) Nous discuterons plus loin en détail leur jugement médical et la théorie de l'hallucination, p. 258 et suiv.

(2) P. Cros, *N.-D. de Lourdes*, p., 158.

*
* *

Entre temps, la foule augmentait toujours; les statistiques dressées par ordre de l'autorité accusaient maintenant un nombre de neuf à dix mille visiteurs par jour.

Impuissant devant cette marée envahissante de ferveur, le maire demandait des ordres au préfet, qui, pour dégager sa responsabilité, en réclamait au ministre. N'ayant pu supprimer la voyante, restait à supprimer la grotte. Le ministre indiqua la possibilité d'en venir là. « En droit, écrivait-il au préfet, nul ne peut constituer un oratoire ou lieu public du culte, sans la double autorisation du pouvoir civil et du pouvoir ecclésiastique. On serait donc fondé dans la rigueur des principes à fermer immédiatement la grotte, qui a été transformée en une sorte de chapelle (1). »

Mais il ajoutait aussitôt qu'« il y aurait vraisemblablement des inconvénients graves à vouloir user brusquement de ce droit (2) » et qu'il valait mieux, avant d'en venir à ce moyen ex-

(1) Estrade, *les Apparitions de Lourdes*, p. 193.
(2) Estrade, *ibid.*, p. 194.

trême, essayer encore de « détourner insensiblement l'attention du public (1) » de la grotte.

Pour cela, pensait-il, il serait bon de « se concerter avec le clergé (2) » et spécialement avec l'évêque, personne n'étant plus à même d'arrêter le mouvement. Il chargeait donc le baron Massy « de traiter directement cette délicate affaire avec Mgr l'évêque de Tarbes » et de lui faire entendre que « cet état de choses en servant de prétexte à de nouvelles attaques contre le clergé et la religion... finirait par compromettre les véritables intérêts du catholicisme et affaiblir le sentiment religieux des populations (3). »

Faire désavouer les apparitions par le clergé; faire assassiner la Sainte Vierge par l'évêque, — car tel était, en somme, sous l'apparence des formules diplomatiques, le mot d'ordre du ministre — semblait une idée ingénieuse et piquante.

Muni de cette consigne, le baron Massy courut à l'évêché. Sachant Mgr Laurence personnellement sceptique sur la réalité des apparitions, il

(1) Estrade, *les Apparitions de Lourdes*, p. 194.
(2) Id., *Ibid.*, p. 194.
(3) Id., *Ibid.*, p. 193-194.

se faisait fort d'avoir beau jeu. Désireux d'emporter la situation du premier coup, il posa au prélat cet habile dilemme : ou les apparitions sont vraies et approuvez-les; ou elles sont fausses et réprouvez-les !

Mais l'évêque, après avoir réfléchi, répondit sagement : « Mon opinion personnelle en pareille matière n'est rien. J'ignore si les apparitions sont vraies ou fausses. Tant qu'elles ne me seront pas démontrées telles ou telles, et tant que le bon ordre régnant rendra ces manifestations licites, je m'abstiendrai d'intervenir. J'attends... »

Perdant ainsi celui qu'il escomptait comme son plus précieux auxiliaire et livré à ses propres forces, le préfet ne trouva plus d'issue à la lutte qu'en usant enfin du suprême recours : la violence. Il résolut de dépouiller la grotte et de la rendre à son état primitif et sauvage, ce qui équivalait, pensait-il, à la fermer; puis, par un formidable coup double, de supprimer, coûte que coûte, Bernadette. Ainsi, plus de voyante : plus de visions; plus de grotte : plus de manifestations.

Il profita de ce que les opérations du conseil de révision l'amenaient justement à Lourdes, pour préparer l'esprit des masses à ces deux mesures... administratives.

S'adressant aux maires du canton réunis, il leur expliqua que les prétendues apparitions et le concours de peuple s'y ruant à « des pratiques et des protestations idolâtriques » ne pouvaient que « jeter la défaveur sur la Religion... et qu'il était temps que toutes ces manifestations scandaleuses eussent un terme (1) ».

« En conséquence, ajoutait-il, j'ai donné l'ordre au commissaire de police d'enlever et de transporter à la mairie... les objets placés dans la grotte... J'ai prescrit, en outre, *d'arrêter* et de conduire à Tarbes, pour y être traitées comme malades aux frais du département, les personnes qui se diraient visionnaires (2)... » c'est-à-dire Bernadette.

Puis, satisfait de son petit coup d'État, le préfet rentra dans sa préfecture.

Mais l'exagération de son geste avait, sauf les libres penseurs de l'endroit, mécontenté tout le monde. Les maires, braves campagnards dont la plupart s'étaient agenouillés à la grotte,

(1) *Ere Impériale* du 8 mai 1858.

(2) *Ibid.*

étaient peu flattés d'entendre qualifier leur piété de pratiques superstitieuses; les gens d'esprit vraiment libéral étaient révoltés de l'odieuse mesure prise contre Bernadette, et le peuple, à l'idée du dépouillement de cette chère grotte ornée par son amour, murmurait hautement.

Le maire de Lourdes et le commissaire de police, chargés, le premier de l'arrestation de la voyante, le second du dépouillement des rochers de Massabielle, se mirent en devoir d'accomplir — à contre-cœur peut-être — leur ingrate besogne.

Mais le maire fut bientôt arrêté dans son entreprise. Comptant sur la neutralité du curé qui s'était montré hostile à la voyante, il ne fut pas peu surpris de le voir, au premier mot d'arrestation, bondir, protester, et déclarer avec véhémence que pour séquestrer cette petite on aurait « à lui passer sur le corps, à le fouler aux pieds (1) ».

Ne s'attendant pas à cette énergique opposition, le maire se retira effaré et perplexe. Il savait le curé homme à tenir sa parole : enlever

(1) Laserre, *N.-D. de Lourdes*, p. 225.

Bernadette ne se pouvait donc plus que de force et au prix de quel scandale, voire de quelle émeute de la part de la population indignée. Le pauvre magistrat tenait à sa popularité, à son écharpe; il écrivit au préfet pour s'excuser et se récuser à exécuter l'ordre d'arrestation. Et Bernadette demeura libre.

Plus hardi, le commissaire de police réussit mieux dans son entreprise, mais ce ne fut pas sans peine ni peur. Sans peine, car pendant des heures il réquisitionna en vain de porte en porte, sous les railleries et les murmures, le cheval et la voiture nécessaires pour opérer le déménagement des objets de la grotte. Sans peur, car lorsque, le dépouillement terminé, il abattit lui-même à coups de hache la balustrade élevée par les habitants devant l'oratoire improvisé, il se produisit dans la foule indignée une explosion de menaces qui le fit blêmir. Et sans l'intervention pacifiante de quelques personnalités charitables il se fût trouvé en mauvaise posture.

Enfin, son œuvre faite, il laissa la grotte nue, dépouillée, lamentable... Mais quelques heures après elle était à nouveau illuminée et remplie de fleurs; seulement, pour que la police ne pût cette fois rien enlever, on effeuilla les fleurs

en milliers de pétales, et l'on remporta les cierges chacun chez soi (1).

En définitive, l'internement de Bernadette avait été rendu impossible par l'attitude du curé ; le depouillement de la grotte n'avait servi qu'à exaspérer la population sans l'empêcher de retourner à Massabielle. Les deux grands moyens du préfet avaient échoué.

. . . . . . . . . . . . . . . . . .

*
* *

De jour en jour la renommée de Lourdes grandissait. Les croyants se faisaient plus nombreux et les adversaires plus rares mais d'autant plus acharnés.

Ne pouvant nier le jaillissement de la source, ils prétendirent d'abord que, due à la fonte des neiges, elle ne tarderait pas à tarir. Or, les neiges avaient fondu, les terrains avaient séché

(1). Le lendemain même, deux accidents étrangement impressionnants se produisirent : la femme qui avait enfin consenti à louer pour trente francs, qu'on comparait aux trente deniers de Judas, cheval et charrette, se brisa une côte en tombant d'un grenier ; et l'homme qui avait prêté sa hache pour la démolition de la balustrade eut les pieds écrasés par la chute d'une poutre...

et la source coulait toujours, splendide, immense, inépuisable.

Mais le pire, c'est qu'elle opérait des guérisons. Au début, on tenta bien de les récuser, mais plusieurs des miraculés étant de Lourdes, il devint impossible de contester ces preuves vivantes qu'on avait constamment sous les yeux.

Alors, une inspiration de génie vint aux magistrats : les eaux de Massabielle, comme presque toutes celles du bassin environnant, ne contiendraient-elles pas des principes minéraux susceptibles de fournir une explication naturelle des guérisons? Ces prétendus miracles qui devenaient gênants ne se trouveraient-ils pas ainsi réduits à néant ?

Il est vrai qu'alors même resteraient encore à expliquer les apparitions, la découverte miraculeuse de la source, la diversité des guérisons, leur instantanéité dans nombre de cas. Mais on trouverait réponse à tout et d'ailleurs, valable ou non, cette explication en imposerait à la foule. Plus encore, si les eaux étaient reconnues minérales, n'en était-ce pas l'exploitation acquise à la ville, et les guérisons en quelque sorte réglementées ? N'était ce pas Lourdes de-

venue ville d'eau avec des piscines, des buvettes et un casino; le commerce enrichi d'un coup, les terrains enlevés hors de prix, la spéculation, la fortune? Double profit, on le comprend : le premier matériel, par la naissance de Lourdes à une ère de prospérité ; le second, moral, par la ruine du Surnaturel.

Le préfet saisit cette idée au vol, se reprochant de ne l'avoir pas imaginée lui-même, et fit confier par le conseil municipal de Lourdes l'analyse de l'eau à un chimiste de Trie, M. Latour, membre du Conseil général des Basses-Pyrénées.

Le résultat de l'analyse expédiée avec une rapidité surprenante, mais pas exagérée au gré de l'impatience générale, causa une explosion de joie dans le camp des autorités et libres penseurs. Les guérisons, niées ou discutées jusque-là dans la mesure du possible, ah ! on les reconnaissait volontiers maintenant. Oui, elles étaient réelles, exactes, indubitables; mais l'analyse expliquait tout. L'eau de Lourdes était en effet une eau minérale d'une vertu curative extraordinaire.

Cependant que disait au juste l'analyse ? Après l'énumération des principes contenus dans l'eau, le chimiste concluait en ces termes : « Nous ne croyons pas trop préjuger en disant, vu l'ensemble et la qualité des substances qui la constituent, que la science médicale ne tardera *peut-être pas* à lui reconnaître des vertus curatives spéciales qui pourront la faire classer au nombre des eaux qui forment la richesse minérale de notre département (1). »

Tous nos bons sceptiques en matière de surnaturel étaient devenus soudain en matière scientifique d'admirables croyants, et pas un peut-être dans la joie de la victoire ne suspecta — ou n'en fit mine — la rapidité de ce travail, l'incertitude de son exposé, l'étrangeté de sa conclusion, et ce *peut-être* qui se glissait si mal à propos dans un rapport scientifique.

Les fidèles de la Grotte, quoique le jaillissement merveilleux de la source, la diversité et l'instantanéité des guérisons leur restassent encore comme des arguments précieux, étaient un peu déconcertés tout de même de la découverte. Se contentant de prendre acte de ce que leurs adversaires reconnaissaient désormais

(1) Estrade, *les Apparitions de Lourdes*, p. 209.

l'exactitude des guérisons opérées, ils attendirent.

Ils attendirent longtemps leur revanche, mais elle vint enfin. L'idée de rivaliser avec les célèbres villes d'eau des environs, telles que Bagnères, Cauterets ou Barèges, avait fait son chemin dans les esprits de Lourdes. Pour s'éclairer définitivement sur la composition chimique de la source de Massabieille et permettre sans retard son lancement, le Conseil municipal en ordonna une nouvelle et très minutieuse étude par la décision suivante : « Considérant que l'analyse à laquelle M. Latour s'est livré constate que l'eau de Massabielle paraît avoir des principes minéraux ; considérant qu'ayant déjà l'opinion de M. Latour, l'intérêt bien entendu de la commune est de la faire analyser de nouveau par un autre chimiste aussi distingué, à l'effet d'avoir l'opinion de deux hommes spéciaux, a délibéré que M. le maire était autorisé à faire faire l'analyse de cette eau par M. Filhol, chimiste à Toulouse. »

Or qu'était M. Filhol ? C'était le chimiste le plus renommé du Midi, membre de la Faculté des Sciences de Toulouse et fort connu par ses études spéciales sur la plupart des sources minérales des Pyrénées. Enfin, garantie d'un autre ordre, c'était sur l'avis non suspect du préfet que le Conseil municipal l'avait choisi.

M. Filhol accepta la tâche, prit deux mois pour faire son analyse et l'envoya un beau jour. Hélas! quelle déception pour nos esprits forts, quel choc en retour!

Après un minutieux exposé des réactifs par lesquels l'eau avait été traitée et des résultats de l'analyse quantitative, M. Filhol concluait nettement sans aucun peut-être : « Cette eau ne renferme *aucune substance active capable de lui donner des propriétés thérapeutiques marquées*, elle peut être bue sans inconvénient (1)! »

Elle peut être bue sans inconvénient! Quelle ironie!

Du coup la perspective de Lourdes station balnéaire, qui miroitait si brillamment dans l'imagination surchauffée de nos magistrats, s'évanouit comme un vain mirage. Il fallut abdiquer tout espoir d'octroyer les guérisons sur rodonnance de la faculté et sous forme de douches... Ajoutons que jamais, depuis lors, la chimie n'a rien trouvé à reprendre à l'analyse

(1) Estrade, *les Apparitions de Lourdes*, p. 252.

de M. Filhol : l'eau est pure, elle peut être bue sans inconvénient !...

Mais cette seconde analyse ne parvint que deux mois après la première. Or dans cet intervalle survint un grave événement : la fermeture de la Grotte.

Elle fut motivée par le rapport erroné du pharmacien Latour. D'une part, en effet, il semblait avéré que l'eau fût minérale ; d'autre part, il était évident que les habitants de Lourdes, et même des étrangers l'exploitaient ; or la réglementation des eaux minérales appartient à l'État seul. Le préfet trouvait là une trop bonne occasion d'en prohiber l'usage pour ne s'en pas saisir. Par extension il interdit même l'accès de la Grotte.

Cette mesure causa une irritation générale dans le peuple, car quel mal y avait-il à aller prier à Massabielle ? Mais plus que la privation de la prière, c'était la privation de cette eau bénie dont on souffrait. Etait-ce juste tout de même, disait-on, d'empêcher les pauvres malades de guérir ?

Beaucoup de malheureux essayaient de passer quand même, de parvenir jusqu'à cette eau qui était le remède et la vie et dont on les sevrait : mais impitoyablement on leur dressait procès-verbal.

Devant une pareille cruauté des manifestations s'organisèrent, platoniques d'abord, puis violentes. Plusieurs fois les ouvriers carriers, gens hardis et fidèles partisans des apparitions, renversèrent et jetèrent au Gave les barrières qui empêchaient l'accès de la Grotte. Ils menacèrent même les agents de police d'un pareil sort, et il ne fallut rien moins que la sévère autorité du curé de Lourdes pour les apaiser. Enfin le calme se rétablit, mais rien ne put vaincre l'attraction de certaines âmes. Des gens du pays franchissaient malgré tous les obstacles l'enceinte interdite, ayant soif de cette eau qui coulait là. Des étrangers aussi y pénétraient au mépris de la loi pour satisfaire leur ardente curiosité. Contre tous l'on verbalisait et en un seul mois il fut dressé quatre-vingt-dix procès-verbaux.

Mais un jour, sur la liste de ces « verbaux », le commissaire de police lut avec stupeur ces deux noms : L'amirale Bruat, gouvernante du Prince Impérial... Louis Veuillot, directeur de l'*Univers*.

Intenter un procès à de tels personnages, quelle affaire ! Interdit, il courut chez le maire, qui demanda des ordres au préfet, qui en référa au ministre ; celui-ci donna ordre de ne pas poursuivre et, comme on ne pouvait faire une loi d'exceptions, de ne plus poursuivre.

Néanmoins la défense de pénétrer à la Grotte édictée à cause de la minéralité de l'eau, et désormais sans raison d'être puisque cette minéralité était nettement démentie, subsistait toujours. Illogisme criant, taquinerie mesquine, injustice voulue que cette interdiction maintenue sans motif et sans sanction.

*
* *

Pour faire céder l'opiniâtreté des autorités exaspérées par leur lutte contre une enfant, ou plutôt contre le Surnaturel, il ne fallut rien moins que l'intervention du Maître.

Profitant de ce que Napoléon III tuait sa lassitude à Biarritz au bord de cet admirable horizon qu'il peuplait de ses rêves chimériques, quelques personnalités du Midi osèrent aller plaider devant lui la cause de la Grotte. Ils étaient porteurs d'une pétition où l'on demandait « le droit d'aller prier sans bruit, sans trouble, de boire de l'eau... d'être guéri ».

L'empereur, intéressé, distrait un moment de

son perpétuel souci, se fit raconter les extraordinaires visions de Bernadette. Sans doute, au récit de cette légende, sourit-il de pitié, mais la physionomie de cette naïve enfant avait traversé ses rêves. Après tout, pourquoi empêcher de pauvres gens de prier devant une grotte vide, de boire de la bonne eau pure de source, de se croire guéris... Si c'était leur rêve à eux, leur idéal !...

L'empereur détestait surtout que les injustices se compliquassent de maladresses ; au récit des vexations des autorités il fronça le sourcil. Prompt à agir, il lança, par télégraphe, un ordre bref... Les barrières tombèrent !

Commissaire de police, procureur impérial, juge, maire, préfet, ministre, médecins, chimistes, tout était vaincu par l'enfant, parce qu'elle avait vu la Sainte Vierge (1).

(1) Les diverses autorités qui avaient pris part à la lutte, même le préfet, furent incontinent déplacées.

## CHAPITRE III

### BERNADETTE ET LE CLERGÉ

Mais ce n'était pas assez de la conspiration des pouvoirs civils ligués contre la voyante, il fallait à la réalité de sa mission une dernière épreuve: l'opposition du clergé.

On a cherché à pallier cette attitude sous le nom de prudence, de réserve ecclésiastique; mais sachons-le dire bien haut, car il n'y a rien là de regrettable pour l'Église, et rien que de très glorieux pour l'élue de la Vierge, le clergé fut nettement hostile. Les sœurs chez qui Bernadette venait de commencer ses classes furent les premières à manifester leur scepticisme. En apprenant les visions dont leur nouvelle petite élève se disait favorisée, la supérieure, crut d'abord à une comédie, et la manda devant la communauté pour le tancer.

Une des sœurs se montra même au début fort dure pour Bernadette, traitant ses récits de simagrées. « Méchante enfant, lui disait-elle, tu fais là un indigne carnaval dans le saint temps du carême (1). » La candeur bientôt reconnue de la voyante ne les convainquit d'ailleurs pas de la réalité des faits : « Il ne faut pas s'arrêter à cela, disait toujours la supérieure, c'est une illusion (2). »

Quant au clergé, la première forme de son scepticisme fut son abstention. Il se garda de paraître à Massabielle et de rechercher la voyante. C'est ainsi que pour faire sa connaissance un des vicaires dut profiter d'un hasard qui amena l'enfant dans la maison qu'il occupait.

« Je fus frappé, dit-il, de son air simple et modeste ; je la crus incapable de tromper, mais, ajoute-il naïvement, *je ne pouvais prendre ses visions au sérieux* (3). »

Mais que dire de l'état d'esprit du curé ? La nouvelle d'apparitions de la Vierge à une pau-

(1) Laserre, *N.-D. de Lourdes*, p. 83.
(2) P. Cros, *N.-D. de Lourdes*, p. 32.
(3) P. Cros, *N.-D. de Lourdes*, p. 60.

vrette de quatorze ans qui n'avait même pas fait sa première communion, le rendit furieux. Il défendit expressément à ses vicaires de mettre le pied à la grotte pour ne pas sembler encourager par leur présence ce qu'il jugeait un scandale. Cette défense fut bientôt étendue par l'évêque à tous les ecclésiastiques du diocèse ; en sorte que pendant toute la durée des apparitions, alors même qu'il y avait jusqu'à vingt mille spectateurs à Massabielle, pas un ecclésiastique n'y parut.

A cette universelle abstention, il n'y eut qu'une seule exception, dont nous parlerons tout à l'heure.

Le rôle du clergé peut donc apparaître dès maintenant comme extra-prudent et parfaitement indifférent. Même si jamais éloignement fut synonyme de réprobation, ce fut le sien. Mais nous allons voir les autorités ecclésiastiques se montrer bientôt ouvertement hostiles à Bernadette.

Le grand acteur des scènes suivantes étant le curé de Lourdes, il importe de le connaître. Homme de cinquante ans passés, déjà grisonnant, aux traits durs taillés comme dans du granit, aux épaules carrées, au geste large, à la grosse voix souvent enrouée : c'était un type d'hercule montagnard.

Ses traits exprimaient à merveille son âme. Rude, sévère, parfois même violent, mais juste, loyal, charitable, et si bon qu'on était forcé de l'estimer d'abord, de l'aimer bientôt ; c'était un homme sans détours et que l'on pénétrait jusqu'au fond du cœur.

Tous ceux qui le connurent s'accordent à faire de lui le même portrait. « C'était, dit Estrade, le montagnard avec sa nature un peu rugueuse... Il parlait court et froid et, de prime abord, on ne se sentait pas attiré. Mais il y avait en lui deux hommes, l'un très rude, l'autre très bon, très simple, très digne. Le second faisait oublier le premier (1). »

Un de ses fidèles dit également : « C'était un homme que la nature avait fait brusque, violent peut-être... et que la grâce avait adouci (2). »

En somme, un bon colosse cachant sous des dehors sévères et une voix grondante un zèle d'apôtre, un cœur infiniment tendre aux petits et aux misérables ! Une intelligence ? c'était bien plus : un caractère !

(1) Estrade, *les Apparitions de Lourdes*, p. 116.

(2) Laserre, *N.-D. de Lourdes*, p. 53.

Bernadette, qui ne voyait guère que l'apparente rudesse de l'écorce, eut toujours de lui une crainte affreuse qu'elle avouait d'ailleurs candidement : « Quoiqu'il soit bon, disait-elle en souriant, j'en ai plus peur que d'un gendarme (1). » Cette impression ne lui était d'ailleurs pas particulière; sa tante Basile disait : « Quand je passe à côté de ce saint homme, les jambes me tremblent et j'en ai la chair de poule (2). »

Tel est le personnage devant qui la petite voyante eut bientôt à comparaître pour lui raconter ses visions et lui faire les commissions de la Dame. Rien de plus touchant que la façon dont elle s'acquitta de cette intimidante mission.

Un jour que le curé récitait son bréviaire dans son jardin, la porte de la cour s'ouvrit, et une enfant troussée dans son capulet blanc, suivie d'une femme, entra. C'était Bernadette. Poussée par l'impérieux devoir, mais n'osant affronter toute seule les rigueurs de l'abbé Peyramale, l'homme dont elle avait le plus peur au monde, elle avait décidé, à grand'peine, sa

(1) Estrade, *les Apparitions de Lourdes*, p. 115.
(2) Id., *Ibid.*, p. 128.

tante Basile, peut-être aussi effrayée qu'elle, à l'accompagner.

Timidement elle avançait.

« Que veux-tu ? » demanda le curé qui ne la connaissait pas. — « Monsieur le curé, je viens de la part de la Dame. »

« Ah ! c'est toi Bernadette ? fit l'abbé Peyramale en fronçant soudain le sourcil et en dévisageant de la tête aux pieds la timide enfant. On raconte de toi de singulières histoires, ma fille... entre (1). »

Et quand ils furent dans le presbytère, se tournant vers la fillette au cœur battant : « Eh bien, voyons, que me veux-tu (2) ? »

L'enfant se mit en devoir d'exposer la commission de la Dame ; mais écoutons plutôt le récit de sa tante Basile : « Bernadette dit à M. le Curé : « La Dame veut qu'on fasse jeudi une procession à la grotte. » — Le curé lui répondit : « Tu mens ! Si la Dame avait voulu une procession, elle aurait su que ce n'était pas à moi qu'il fallait la demander, mais à l'évêque. »

(1) Estrade, *les Apparitions de Lourdes*, p. 115.
(2) Id., *Ibid.*, p. 116.

Et s'enflammant selon sa coutume, criant comme s'il avait été au sermon, rapporte la tante, il ajouta : « Comment veux-tu, menteuse, que nous fassions une procession pour cette Dame ? Nous allons mieux faire, nous te donnerons une torche à toi, et tu iras faire la procession, on te suit bien assez ! Tu n'as pas besoin de prêtres. » La petite répondit : « Je ne dis rien à personne, je ne demande pas qu'ils m'accompagnent. » Et M. le curé se promenait en colère dans sa chambre et disait : « C'est malheureux d'avoir une famillle comme ça, qui met le désordre dans la ville et fait ainsi courir les gens. » Et s'adressant à moi : « Retenez-la, ne la laissez pas bouger ! » Et de nouveau à Bernadette : « Tu ne vois rien du tout ! Comment veux-tu qu'une Dame sorte de ce trou ? Elle ne te dit pas son nom : ce ne peut être que rien. Qu'elle dise son nom ! Demande-le-lui ! » — « Je le lui demande, répondit Bernadette, et elle se met à rire (1). »

« Je tiens de plusieurs personnes, dit Marie Pailhès, que M. le curé traitait fort sévèrement Bernadette et lui adressait de dures paroles

(1) Estrade, *les Apparitions de Lourdes*, p. 110.

comme celles-ci : « Laisse-moi tranquille, tu « n'as rien vu... Je te chasserai d'ici avec un « balai... Je te ferai prendre par les gendar- « mes... (1). »

Il disait aussi à Bernadette : « Ton carnaval d'apparition (2) » et lui opposait : « On m'a dit que tu as mangé de l'herbe à la grotte, tu fais donc comme les animaux (3) ? » Ce à quoi la petite eût pu riposter avec esprit, comme elle le fit plus tard à un visiteur qui lui posait la même objection : « Vous pensez donc cela de vous quand vous mangez de la salade. »

Mais pour l'instant tout abasourdie, elle avait garde de répondre aux foudroyantes apostrophes du pasteur.

En effet, ajoute la tante Basile, « entendre M. le curé, cela faisait frémir. Nous devenions en l'entendant comme des grains de millet; il avait une voix très forte et nous parlait durement. La pauvre petite, toute troussée dans son

(1) P. Cros, *N.-D. de Lourdes*, p. 109.

(2) Id., *Ibid.*, p. 108.

(3) P. Cros, *N.-D. de Lourdes*, p. 108. (Le curé faisait ainsi allusion au brin d'herbe ou de cresson sauvage qu'elle avait mangé en signe d'humilité sur l'ordre de la Dame, après avoir découvert la source.)

capulet, demeurait là, n'osant pas bouger et elle n'ouvrait la bouche que lorsque M. le curé augmentait ou changeait les choses qu'elle avait dites. Alors elle parlait : « Non pas, monsieur le « curé, je n'ai pas dit ça »... M. le curé allait et venait toujours en criant : « Allons donc ! allons « donc ! Une dame ! Une procession ! » C'était effrayant de le voir et de l'entendre (1). »

Si fort il gronda que la tante se mit à pleurer, emmena l'enfant, et ne voulut plus par la suite revenir au presbytère. Et cependant il fallut y retourner, et dès le soir même, car la pauvre Bernadette n'avait pas rempli entièrement sa mission ; éperdue sous l'orage, elle était partie en oubliant de demander une chapelle au nom de la Dame.

Malgré l'accueil du matin, courageusement elle se décida — et que l'on songe à tout ce que cette résolution avait d'héroïque — mais moins braves qu'elle, ni sa mère, ni sa tante n'osèrent la suivre. Enfin une bonne femme amie, dont le nom, pour cet acte de dévouement, mérite d'être cité : Dominiquette Cazenave, voulut bien par compassion la chaperonner. Écoutons-

(1) P. Cros, *N.-D. de Lourdes*, pp. 109 et 110.

la narrer l'entretien : « Je pris les devants, et je dis à M. le curé : La petite qui va à la grotte a besoin de vous parler et ses parents ne veulent pas l'accompagner ; quand pourrai-je vous l'amener ? — Amenez-la ce soir à sept heures. — Je vous en prie, Monsieur le curé, ne l'intimidez pas. — Non, non !...

« Le soir, à 7 heures, j'allai au presbytère, Bernadette me donnant le bras. ... Il y avait avec M. le curé M. l'abbé Sens, M. l'abbé Pène et M. l'abbé Pomian, les vicaires. M. le curé nous fit asseoir. Bernadette aussitôt, sans préambule : « Monsieur le curé, la Dame habillée de blanc « que je vois à la grotte m'a dit de dire aux « prêtres de faire bâtir, à la grotte, une cha- « pelle, au plus vite, quand même elle serait « toute petite. — Une chapelle ? dit M. le « curé... En es-tu sûre ? — Oui, Monsieur le « curé, j'en suis sûre. — Eh bien ! il faut dire à « cette Dame de faire fleurir le rosier qui est « sous ses pieds. Sais-tu comment elle s'appelle « la Dame ? — Non, Monsieur le curé. — Eh « bien, il faut le lui demander. — Je le lui « demande, mais elle ne fait que sourire. — « Elle se moque bien de toi : demande-lui com- « ment elle s'appelle, et quand nous saurons son

« nom, nous lui bâtirons une chapelle ; et elle « ne sera pas toute petite, va, elle sera toute « grande (1). »

A l'emportement du matin succédait, on le voit, l'ironie du soir ; mais sous des formes différentes, c'était toujours le même scepticisme. Il trouvait chez les vicaires un sonore écho.

« Ces messieurs, poursuit en effet Dominiquette Cazenave, firent tout plein de questions à Bernadette. M. Pomian lui disait : « As-tu « entendu parler de fées ? — Non, monsieur « l'abbé. — Un autre : « As-tu entendu parler « de sorcières (2) » ? Mais l'enfant ne comprenait pas. Bref, le curé fut obligé de la délivrer lui-même de leurs sarcasmes.

« Et nous partîmes achève Dominiquette. Bernadette prit mon bras et me dit : Je suis bien contente, j'ai fait ma commission (3). »

Bien contents aussi furent les philosophes de Lourdes à l'annonce de cette entrevue, où le curé s'était montré plus terrible et plus habile que le commissaire.

(1) P. Cros, *N.-D. de Lourdes*, p. 113.
(2) Id., *Ibid.*, p. 113.
(3) Id., *Ibid.*, p. 113.

Faisant en effet allusion à la floraison du rosier, au miracle exigé comme signe du surnaturel : « L'apparition, répétait-on en riant dans les parages officiels, est sommée de montrer son passe-port » (1).

Les plus humbles, les plus croyants disaient; « L'églantier fleurira. » Mais les autres branlaient la tête, ou se moquaient. Et pas un peut-être, pas même l'homme de Dieu, ne comprit qu'on ne commande point au surnaturel, que la créature n'exige pas de preuves du Créateur, et qu'il n'est pas permis de rééditer la demande insolente des pharisiens réclamant, alors que Dieu était parmi eux, un signe dans le ciel... Et le rosier ne fleurit point !

Mais ce scepticisme sur la mission de Bernadette n'était pas spécial au clergé de Lourdes, il s'étendait à tout le diocèse. Le seul ecclésiastique qui eût, avant l'interdiction de l'Evêque, assisté à une apparition nous en fournit une preuve non équivoque. Lui-même, il est vrai, fut tellement impressionné par la vue de l'extase qu'il ne douta plus de la réalité des apparitions, mais quand il voulut faire partager sa convic-

(1) LASERRE, *N.-Dame de Lourdes*, p. 105.

tion à ses collègues, il se heurta à d'universelles railleries.

« Le jour de l'apparition, je vis, dit-il, MM. les abbés Sempé et Pène (1), l'un préfet des études, l'autre professeur de physique au petit séminaire de Saint-Pé. J'éprouvais comme un besoin de manifester mes impressions du matin : je leur racontai les choses ; mais ces deux messieurs se mirent à rire à qui mieux mieux de ma crédulité »...

« De Bétharram, ajoute-t-il, je rentrai chez moi à Barbazan-Débat. En route j'eus l'occasion de voir plusieurs prêtres. Quoique je fusse devenu très réservé, je leur parlai de l'événement de Lourdes, *tous accueillirent mes paroles avec un sourire de pitié* » (2)...

(1) Il convient de faire ici une remarque qui n'est pas sans saveur, c'est qu'un de ces francs rieurs, le père Sempé, devint bientôt après le Supérieur des pères de la Grotte de Lourdes, le constructeur de la Basilique, et le principal créateur des grands pèlerinages. Lui-même d'ailleurs raconte humblement qu'il fallut moins encore que la vision de Bernadette en extase pour faire tomber son long scepticisme. Il suffit pour le convaincre de la candeur communicative de la fillette même privée de son rayonnement.

(2) P. Cros, *N.-D. de Lourdes*, p. 106 et 107.

Nous voilà donc bien renseignés sur l'état d'esprit du clergé au sujet des apparitions : éclat de rire chez les uns, sourire de pitié chez les autres, bref incrédulité générale. Ajoutons qu'ils prenaient l'exemple en haut lieu car « au mois de mars, dit le P. Sempé, l'Évêque de Tarbes était le premier à rire devant nous des prétendues apparitions de Notre-Dame à Lourdes (1) ».

Bafouée par son curé, moquée par tous les autres prêtres du diocèse, sauf un, et par l'évêque, telle était la situation de Bernadette. Pourquoi donc la Vierge eût-elle permis cette humiliation et ce mépris, sinon parce qu'elle voulait se manifester toute seule, plus glorieuse ainsi et plus rayonnante par les lèvres naïves d'une humble enfant?

... Une fois encore Bernadette reprit le chemin du presbytère. Mais elle était bien joyeuse, et, tout en marchant, elle répétait, pour ne l'oublier pas, le nom de la Dame qui venait de se révéler : l'Immaculée Conception.

La tante Basile, qui accompagnait sa nièce, nous apprend la stupéfiante réception du curé

(1) P. Cros, *N.-D. de Lourdes* p. 108.

« L'Immaculée Conception ?... La Dame ne peut pas porter ce nom (1) ! » Ainsi, répondit M. le curé.

L'abbé Peyramale restait donc, même après ce message qu'il avait réclamé, obstinément réfractaire. Cependant, un fait nouveau vint le gagner, sinon à la cause des apparitions, du moins à la cause de Bernadette. Le jour où il apprit qu'on allait séquestrer cette enfant, qu'il avait lui-même rudoyée mais qui était malgré tout de son troupeau, il s'interposa et il la sauva.

Pour l'avoir défendue, il n'en restait pas moins incrédule pourtant sur la réalité de la manifestation surnaturelle. Il fut long à se rendre, très long. Bien des motifs déterminèrent son retour : le temps, la réflexion, les faits surtout, l'évidence des preuves de Dieu. D'abord, il se laissa gagner par la bonne foi de la voyante, sa franchise, sa candeur, sa limpidité d'âme manifeste ; puis le jaillissement de la source, et la révélation de l'Immaculée Conception, à y réfléchir, l'ébranlèrent. Les conversions d'incrédules, d'incroyants, le surprirent ; enfin, les guérisons ruinèrent en lui les derniers doutes.

(1) P. Cros, *N.-D. de Lourdes*, p. 149.

Forcé de se rendre au signe de Dieu, différent, il est vrai, de l'épanouissement éphémère du rosier exigé par lui, mais combien plus merveilleux puisqu'il offrait des floraisons de santé soudaines et durables chez des êtres à demi morts, il crut enfin. Dès lors il crut de tout son cœur, de toute son âme, de toutes les forces de sa vie.

L'évêque, pareillement sceptique, fut encore plus difficile à convaincre parce qu'il était plus éloigné, plus mal informé.

Parti de rien, pâtre encore presque ignare à vingt ans, tiré par hasard de son milieu obscur, devenu « à pas de géants » professeur de philosophie, fondateur de grand séminaire, évêque, Mgr Laurence était surtout une intelligence. Cette intelligence remarquable, longtemps reposée chez l'enfant, avait fait en l'homme un bond étonnant ; cette nature en friche avait produit de très riches moissons. Mais c'était une intelligence froide, essentiellement pratique et pondérée, ayant tiré de son hérédité un défaut — ou une qualité — : l'instinctive méfiance paysanne. Cette défiance naturelle était encore aiguisée dans le cas présent par les rapports qui lui défiguraient Bernadette. Venus, en effet, de sources diverses, et en somme peu autorisées, puisque la Grotte était interdite aux ecclésiastiques ; reflétant tour à tour l'impression causée par des apparitions parfois merveilleuses mais parfois incompréhensibles, ils représentaient alternativement la voyante comme un ange ou comme une folle, et se contredisaient même les uns les autres.

Retiré au fond de son lointain palais épiscopal, absorbé par ses affaires, le pauvre évêque ne comprenait à tous ces rapports incohérents qu'une chose, c'est qu'il y avait là un phénomène fort étrange et qui commandait la prudence, un enthousiasme de mauvais aloi dont il fallait se méfier.

L'hypothèse d'apparitions de la Vierge à une gamine de quatorze ans, inconnue au clergé et qu'on n'avait pas vue encore au catéchisme, ne se posa même pas d'abord à sa raison.

L'évêque avait une autre qualité paysanne que la défiance : la patience. Il faisait mine d'oublier, en réalité il attendait. Il s'enfermait au fond de son évêché, dans le silence. Le préfet l'ayant mis en demeure de prendre parti, il se récusa.

Et les jours passaient. Cependant les fidèles

s'impatientaient : Pourquoi laisser les âmes dans cette division douloureuse et dans ce doute? L'évêque n'avait qu'à ordonner une enquête, à prononcer un jugement : la vérité, la certitude, qu'il les donnât ; on avait soif de certitude, de vérité. Mais la vérité n'était pas aisée à démêler, et c'est pourquoi le prélat, lentement ébranlé, se taisait toujours. Il songeait que si la manifestation était vraiment surnaturelle, l'heure de Dieu viendrait sans faute, puisque Dieu a le Temps.

Et cela aussi, ce scepticisme, puis cette opposition passive de l'évêque, il le fallait. Il fallait que la vérité s'imposât malgré tout, toute seule, par les faibles moyens d'une enfant.

Cependant, le temps qui s'écoulait confirmait des résultats douteux ou bien apportait des preuves nouvelles : c'étaient le jaillissement certain d'une source immense, la révélation véritable du nom de la Dame, les conversions de sceptiques avérés.

Mais il fallut plus encore pour émouvoir Mgr Laurence, il fallut la signature de Dieu : les miracles inscrits dans la chair humaine, les guérisons discutées, reconnues, proclamées par des médecins, même incroyants.

Alors « l'évêque eut la main forcée par les faits ». Il céda... Et reconnut-il l'authenticité des apparitions ?... Non pas ! Toujours prudent, toujours défiant, toujours patient, il institua une nombreuse commission d'enquête pour vérifier les phénomènes des apparitions, et les faits des guérisons opérées par l'eau de la Grotte. Il le fit avec une sagesse, un souci de la vérité qu'on ne saurait admirer assez : « Nous recommandons avec instance à la Commission, disait l'article 5 de l'ordonnance épiscopale, d'appeler souvent dans son sein des hommes versés dans les sciences de la médecine, de la physique, de la chimie, de la géologie, etc., afin de les entendre discuter les difficultés qui pourraient être de leur ressort à certains points de vue, et de connaître leur avis. La Commission ne doit rien négliger pour s'entourer des lumières et arriver à la vérité, *quelle qu'elle soit* (1). »

Et tous les témoignages devaient être reçus sous la foi du serment.

Dès le jour où ce mandement parut, la vic-

(1) Ordonnance de Mgr l'évêque de Tarbes du 28 juillet 1858.

toire dans l'opinion des fervents de Lourdes parut gagnée. Mais la réalisation de leurs désirs fut moins rapide... La Commission n'avait pas son siège fait d'avance, elle travaillait « avec une impartialité qui ne redoutait aucun renseignement pas plus qu'aucune conclusion (1) ». Elle travailla pendant quatre ans.

Et ce n'est qu'après avoir longuement interrogé et Bernadette et des centaines de témoins, exploré la Grotte, analysé la source, étudié trente cas de guérisons, qu'elle publia ses résultats : ils retenaient seize guérisons comme présentant d'une façon indubitable le caractère miraculeux sanctionné par la science et par le temps.

Alors, enfin, l'évêque parla. Il rendit un mandement par lequel, le saint nom de Dieu invoqué, il reconnaissait la réalité des apparitions et proclamait que la Vierge Immaculée s'était bien réellement montrée dix-huit fois... à qui ? — c'est là que le prélat voulut s'humilier de son long scepticisme et de sa résistance — la Vierge s'était montrée, disait-il, « à ce qu'il y a de plus faible dans le monde : une enfant de

(1) Abbé Bertrin, *Lourdes*, p. 90.

quatorze ans, Bernadette Soubirous, née à Lourdes, d'une famille pauvre (1) ».

. . . . . . . . . . . . . . . . . . . . . . .

Niée par les uns, attaquée par les autres, rejetée à l'envi par tous, en but au scepticisme ou à la haine universelles, l'apparition avait enfin gagné la foule, vaincu les autorités, forcé le clergé incrédule à la reconnaître, à la proclamer. Le règne de la Dame commençait !

(1) Mandement du 18 janvier 1862.

# TROISIÈME PARTIE

# VIE ET MORT DE BERNADETTE

# VIE ET MORT DE BERNADETTE

---

## CHAPITRE PREMIER

### A LOURDES

> « Elle était naïve comme une fleur des champs. »
> BERTRIN.

Les apparitions finies, Bernadette rentra pour toujours dans la vie commune. Tandis que son nom devenait célèbre, elle, par un prodige d'humilité, ne s'apercevait même pas de son auréole de gloire; mais, intimidée par le reflet qu'elle en voyait aux yeux de ses admirateurs, elle cherchait à s'entourer d'obscurité. Elle redevint, ou plutôt elle resta — car rien ne la distingua jamais que ses extases — elle resta la simple fillette qui va en classe, joue avec ses compagnes, prend sa part des petites misères et des petites joies quotidiennes. « Comme avant les apparitions, on la voyait passer chaque matin se rendant à l'école, portant un pauvre cabas mal joint, au fond duquel on apercevait pêle-mêle son bas à tricoter, son croûton de pain noir et son alphabet racorni (1). »

En classe, elle étudiait le français et le catéchisme et se préparait à sa première communion. Quoique lente à apprendre, elle n'était ni rêveuse, ni oisive, mais s'appliquait de bon cœur à son travail. « Aux récréations, elle se mêlait aux jeux avec un abandon charmant, riait, chantait, sautillait avec ses jeunes compagnes (2). » Son caractère, ses habitudes, toute son existence, demeuraient donc les mêmes que par le passé avec je ne sais quoi cependant de plus doux : son âme restait touchée du grand souvenir.

Chez ses parents, qui avaient pu quitter le cachot et reprendre le travail d'un moulin, c'était encore la pauvreté, mais non plus la

(1) Estrade, *les Apparitions de Lourdes*, p. 283.
(2) *Ibid.*, p. 283.

misère, car le pain quotidien était assuré.

Bernadette aidait sa mère à faire le ménage, à garder et soigner ses petits frères et sœurs, s'acquittant de ces tâches, tout comme avant, avec zèle et courage.

Même, il semblait que cette petite paysanne eût conservé des apparitions une sorte de distinction manifeste en ces humbles besognes ; le regard de la Dame l'avait en quelque sorte ennoblie.

« Je fus édifié, nous dit un témoin, de la propreté de ses vêtements : elle portait des sabots et des bas de laine plus que communs, une robe de simple indienne. Sa tête était recouverte d'un foulard de coton noué sous le menton : mais tout était propre et surtout modeste (1). »

Dans sa chambre, elle avait arrangé un petit oratoire fleuri avec une statue de la sainte Vierge : c'était son seul luxe de pauvrette.

Enfin le moment de sa première communion arriva « par grâce, ajoutent les Sœurs, car elle ne savait pas encore assez son catéchisme (2) ». Durant sa préparation, « elle avait eu comme

(1) P. Cros, *N.-D. de Lourdes*, p. 193.

(2) *Ibid.*, p. 489.

les autres ses distractions et ses recueillements, ses étourderies et ses ferveurs (1) ». En somme, sa piété d'oraisons ne surpassait pas celle de ses plus pieuses compagnes ; mais sa véritable piété, c'était sa douceur, sa bonté, sa candeur, c'était la pureté d'atmosphère de sa conscience. Au jour suprême, rien non plus ne la distingua ; point d'extases, ni de ravissement ; elle reçut son Dieu simplement, de tout son cœur, de toute son âme !

Et rien ne changea dans sa vie, elle continua à fréquenter l'école, à seconder sa mère chez elle, à être simple, obéissante et pauvre. Parfois, elle retournait à la Grotte, et « c'étaient alors ses plus beaux jours (2) » ; mais elle n'y voyait plus rien.

Cependant, sa réputation de voyante allait toujours croissant. Les paysans de tous les environs affluaient, les jours de marché, pour la voir, l'appelant tout haut « la bonne petite vierge, la petite sainte (3) ». Sur le moment, cela la gênait, la froissait par instinct de modestie, puis glissait sur elle comme si elle

(1) Estrade, *les Apparitions de Lourdes*, p. 284.

(2) P. Cros, *N.-D de Lourdes*, p. 213.

(3) *Ibid.*, p. 231.

n'avait pas entendu, et il ne restait nulle trace de vanité dans cette âme absolument humble.

Les étrangers aussi, baigneurs qui passaient par Lourdes pour se rendre aux villes d'eau des Pyrénées, venaient en masse lui rendre visite. Tous, même ceux partis en curieux, en sceptiques, munis de questions insidieuses et d'arguments sans réplique, revenaient convaincus de sa bonne foi. Leur méfiance s'était évaporée au souffle si pur de l'enfant. Personne, en vérité, n'échappait à l'impression de loyauté qui émanait d'elle. Il y avait même excès d'admiration, car des visiteuses inconséquentes et indiscrètes s'attendrissaient, la couvraient de caresses, voulaient lui couper des cheveux ou lui faire toucher des médailles, l'accablaient de questions, lui faisaient reprendre cent fois le récit des apparitions, s'efforçaient de lui arracher les secrets de la Dame. Cela l'excédait bien plus encore que les visites des paysannes. « Oh, que ces dames m'embêtent (1) ! » disait-elle naïvement et sans penser à mal, dans son langage familier. Cette humilité naturelle, qui l'empêchait ainsi de se complaire

(1) P. Cros, *N.-D. de Lourdes*, p. 231.

dans les flatteries, se compliquait même d'une certaine sauvagerie native dont elle ne se départit jamais entièrement : elle resta toujours un peu la pauvre petite pastoure de Bartrès.

Et elle s'ignorait en vérité au point de ne pas comprendre que sa dignité personnelle eût pu compter pour quelque chose dans cet honneur suprême d'avoir été l'élue de la Vierge.

Son âme faisait, en revivant ses souvenirs, des découvertes d'une naïveté telle qu'elles excluaient jusqu'au moindre soupçon de vanité. C'est ainsi qu'en rapportant à son ami Estrade les paroles de la Dame, elle s'interrompit un jour, rougissante d'une soudaine surprise et délicieusement confuse : « Oh, la sainte Vierge me disait : Vous (1) ! »

Et à une personne qui lui objectait, pour l'embarrasser : « Puisque la Dame t'a promis de te rendre heureuse dans l'autre monde, tu n'as plus à t'inquiéter de rien..... » elle fit cette candide réponse : « Oh, comme vous y allez ! Je serai heureuse, oui, mais attention ! si je fais comme il faut, et si je marche droit mon chemin (2) ! »

(1) ESTRADE, *les Apparitions de Lourdes*, p. 288.
(2) *Ibid.*, p. 286.

Par-dessus tout, elle restait extraordinairement désintéressée. Rien ne put tenter ni sa misère, ni sa jeunesse. Pourtant, que de cadeaux fit-on miroiter à ses yeux ? Or elle y demeura toujours insensible, et non seulement elle repoussait les offres, mais elle s'en attristait comme d'une injure.

Une généreuse étrangère ayant voulu, par exemple, glisser délicatement, en l'embrassant, un rouleau d'or dans son tablier, Bernadette, « comme si un charbon ardent était tombé sur elle, se leva d'un bond et laissa tomber le cadeau de la dame (1) ». Puis, confuse de sa vivacité, elle le ramassa et le rendit en s'excusant à la visiteuse. Tout son caractère tient dans ces deux mouvements, le premier de fierté indignée, le second d'humilité repentante.

Cette délicatesse de ne rien accepter, elle la poussait vraiment jusqu'au scrupule, jusqu'à ne pas accepter, des mains de l'évêque de Soissons, un chapelet à chaîne d'or, parce qu'il était « trop beau ». Mais sa générosité égalant sa délicatesse il suffit que le prélat, désappointé, eût avoué son calcul de faire un échange, pour

(1) Estrade, *les Apparitions de Lourdes*, p. 291.

qu'elle lui offrît aussitôt son humble rosaire, sans rien recevoir en retour (1).

Rebutés par la voyante, les visiteurs charitables, s'adressaient alors à ses parents. Ils prenaient mille détours, usaient d'éloquence pour leur faire accepter une offrande, ne fût-ce qu'à titre de dédommagement pour l'interruption du travail causée par l'envahissement du moulin. Peine perdue ! les parents restaient indifférents, eux aussi, à la vue de cet or qui leur aurait donné cependant toutes les bonnes choses de la vie. Rien ne put jamais vaincre l'héroïque désintéressement de cette famille pauvre (2).

... Deux ans passèrent, la santé de Bernadette empirait. Son asthme lui déchirait sans cesse la poitrine de torturantes quintes de toux.

(1) Bien des gens, devant cette opiniâtreté, ont pensé qu'une des secrètes recommandations de la Dame avait été celle de rien accepter jamais ; mais ne fût-ce pas simplement l'instinct de cette petite âme infiniment délicate de rejeter comme offensant pour la Vierge tout semblant de récompense humaine pour le trésor de grâces divines qu'elle avait reçues.

(2) Une famille américaine offrit, paraît-il, cent mille francs aux Soubiroux et d'adopter leur fille, sans qu'ils eussent à se séparer d'elle. Ils refusèrent. LASERRE, *N.-D. de Lourdes*, p. 214.

L'heure était venue pour la voyante de souffrir selon la prédiction de la Dame. Elle ne devait plus être heureuse dans ce monde, sans doute pour l'être davantage et plus tôt dans l'autre. Elle commençait à payer la rançon de la faveur insigne qu'elle avait reçue par ce qu'il y a de plus précieux ici-bas, la souffrance souriante, résignée.

Dans le double but de voir mieux soigner la santé chancelante de Bernadette et de la faire échapper à l'affluence obsédante des visiteurs, le curé de Lourdes obtint des sœurs qu'elles garderaient leur petite élève en pension à l'hospice. Cela dégrevait le budget des Soubirous d'une lourde charge, sans leur infliger de séparation, car ils habitaient à quelques pas de l'école. Ils acceptèrent donc avec joie la proposition.

A l'hospice, la voyante continua à mener la même existence. Elle suivait les classes avec les fillettes de son âge, jouait avec elles, puis s'essayait, par d'humbles tâches domestiques telles que balayages ou épluchages de légumes, à rendre aux sœurs, par son travail, un peu de ce qu'elle recevait d'elles. On la maintenait volontiers dans cette voie d'humilité. Et d'autres qu'elle en eussent eu grand besoin, car les murs de l'école ne la préservaient pas des incessantes visites. Devant l'insistance des étrangers ou les recommandations qu'ils apportaient, on se voyait forcé d'ouvrir, et c'étaient, pendant les classes comme aux heures de récréations, des visites quotidiennes, des interrogatoires interminables, des controverses souvent oiseuses et parfois même insidieuses, mais aussi des admirations et des flatteries « propres à gâter même un ange ».

« Personne peut-être au monde, en ce temps-à, ne fut visité comme cette chétive et indigente enfant. Il y avait comme une passion de la voir. Paraître, paraître encore, raconter les apparitions, répondre à des milliers de questions, subir la contradiction, l'importunité, la louange, l'humiliation, c'était sa vie (1). »

Des gens se mettaient à genoux devant elle, lui demandaient sa bénédiction. Confuse elle répondait : « Je ne sais pas bénir (2) », et parfois avec une pointe de malice : « Attendez

(1) Boissarie, *l'Œuvre de Lourdes*, p. xxixv.

(2) P. Cros, *N.-D. de Lourdes*, p. 210.

que l'évêque m'ait délégué ses pouvoirs (1). » Mais toujours nulle vanité ; elle ne comprenait vraiment point qu'on la regardât comme une « bête curieuse » ; et un jour qu'elle entendait des gens dire derrière elle : « Si l'on pouvait couper un peu de sa robe », elle se retourna et avec persuasion : « Que vous êtes imbéciles (2) ! » riposta-t-elle. La simplicité et le silence furent d'instinct la règle de toute sa vie. Non seulement on ne l'entendit jamais se vanter de ses visions, mais elle n'en parla même jamais qu'interrogée. Encore se bornait-elle à répondre strictement aux questions posées, sans chercher à se faire valoir, sans tirer parti de son rôle. Sa narration était précise, mais brève et sèche, dépourvue d'art et d'animation. Il fallait la contradiction pour lui arracher de ces réparties à la fois lumineuses et naïves qui convainquaient sans retour. Bientôt elle se taisait et, dès qu'il était possible, elle échappait à cette contrainte pour retourner à ses jeux. « En la conduisant au parloir, dit la sœur Victorine chargée de l'accompagner, je la voyais souvent s'arrêter près de

(1) Estrade, *les Apparitions*, p. 290.
(2) P. Cros, *N.-D. de Lourdes*, p. 210.

la porte et pleurer : c'étaient de grosses larmes. « Courage », lui disais-je. Elle essuyait ses yeux, faisait gracieux visage et répondait à tout sans s'impatienter des questions importunes, ni se montrer contrariée si on refusait d'ajouter foi à ses paroles (1). »

Ces entretiens n'en étaient pas moins pour elle un supplice physique aussi bien que moral, car aux interminables et trop fréquents interrogatoires succédaient l'enrouement, l'épuisement et de nouvelles crises d'asthme.

Mais les longues journées d'infirmerie, qui en étaient la conséquence, lui semblaient pourtant moins pénibles que ces fastidieuses comparutions.

A une amie qui la plaignait d'être ainsi retenue au lit, elle le disait non sans tristesse : « Je n'ai peut-être pas grand profit à vivre avec la fièvre, mais je préfère encore cela aux séances du parloir (2). »

... Ainsi grandissait Bernadette. Elle passait par des alternatives de bonne et de mauvaise santé, mais, gardant à dix-huit ans sa physionomie

(1) P. Cros, *N.-D. de Lourdes*, pp. 209-210

(2) Estrade, *les Apparitions*, p. 300.

candide et son âme naïve d'enfant, elle restait comme marquée par les apparitions d'un signe d'extrême jeunesse qui ne s'effaçait pas.

Elle était douce, humble, bonne et presque parfaite; presque, dis-je, car l'on trouvait en elle d'infimes défauts que la nature y avait mis, mais que l'action du travail intérieur et de la grâce allait en effaçant toujours. D'abord elle manifesta un léger penchant à la coquetterie. « Une fois, rapporte à titre d'exemple la sœur Victorine, je la surpris travaillant à élargir une jupe pour lui donner un air de crinoline. » Une autre fois, elle tira quelque vanité d'un anneau, donné par son oncle, mais qui, se trouvant trop étroit, lui fit enfler le doigt et dut être limé, ce qui la guérit à jamais, disait-elle plus tard en riant, « de l'envie d'avoir une bague (1) ».

Purs enfantillages on le voit et auxquels les bonnes sœurs qui surveillaient très attentivement leur protégée s'arrêtaient, parce qu'elles ne trouvaient guère autre chose à reprendre en elle.

D'ailleurs ces velléités de toilette, habituelles aux petites filles de son âge et bien innocentes en somme, s'évanouirent bientôt.

(1) P. Cros, *N.-D. de Lourdes*, p. 303.

Bernadette, cependant, avait un défaut réel : une sorte d'entêtement compliqué de bouderie qui la faisait mettre parfois « en fantaisie ». De ces mutineries on a conservé le souvenir.

Un jour, elle ne voulut pas quitter, quoiqu'on l'en priât, sa robe des dimanches pour sa robe ordinaire et l'on dut lui céder ; une autre fois, elle s'entêta à jeter les légumes qu'elle épluchait dans un panier, tandis qu'on lui commandait de les déposer dans un autre. De ces obstinations subites mais rares et jamais bien graves, elle eut pourtant beaucoup de mal à se défaire.

Ces vétilles de caractère semblent vraiment ses plus grands défauts. Encore la pauvre enfant les regrettait-elle bien sincèrement et, quoique naturellement fière, s'en humiliait-elle aussitôt. Mais ce repentir n'était pas suffisant, il fallait en outre l'épuration de la souffrance. On le savait, car chaque imperfection — c'était en quelque sorte fatal — se payait presque sur-le-champ par une rechute de santé, comme si Dieu eût voulu purifier entièrement dès ici-bas cette âme privilégiée par la douleur.

Cependant, autour d'elle, Lourdes prenait un développement immense dont elle était la bien inconsciente ouvrière. Un rayonnement de gloire, presqu'un prestige de sainteté commençaient à nimber son humble personne. Elle, toujours effacée et timide, continuait à vivre à l'école parmi ses compagnes, ignorante de sa réputation, étrangère à toutes ces splendeurs qui criaient son nom.

Certains détails, pourtant, lui crevaient les yeux ; elle ne pouvait sortir sans se voir en effigie aux étalages. Mais rien n'avait prise sur son extraordinaire modestie. « A la vue de ces images qu'on lui donnait à signer et où elle était représentée, elle disait avec un accent très marqué de conviction : « Quelle bêtise (1) ! »

Le temps en s'écoulant amenait une aggravation progressive dans son mal. Finie sa vie de jeux, de jeunesse et de rires. Elle n'était plus guère jamais sans quelque souffrance, elle était vraiment l'éprouvée d'en haut. « Pendant cette période de sa vie, dit la sœur Victorine, elle a passé par toutes sortes de maladies et de douleurs : maux de dents, rhumatismes, vomissements ou crachements de sang, palpitations de cœur, oppression habituelle, et, plusieurs fois par an, des crises d'asthme si vio-

(1) P. Cros, *N.-D. de Lourdes*, p. 237.

lentes qu'il fallait la porter à la croisée pour la faire respirer et qu'elle disait dans son angoisse: « Ouvrez-moi la poitrine (1)! »

Une fois même, elle fut mourante d'une pneumonie. On l'administra; puis on lui fit prendre quelques cuillerées d'eau de Lourdes qui la soulagèrent aussitôt « comme si on lui eût enlevé une montagne de la poitrine (2) », disait-elle. Mais la maladie revint!

...Les années fuyaient. Six déjà s'étaient écoulées depuis les apparitions. Qu'avait fait Bernadette durant ce temps? Elle avait mené une vie très humble et en apparence insignifiante; complété tant bien que mal, et plus mal que bien à cause de ses dérangements et de ses souffrances perpétuelles, sa très modeste instruction; répondu à des milliers d'interrogatoires; joué avec ses amies; fait les petits travaux de ménage que sa santé lui permettait; soigné avec un grand dévouement quelques pauvres femmes de l'hospice. Surtout elle avait souffert, elle s'était affinée, elle avait travaillé son âme. Elle gravissait un à un les degrés de

(1) P. Cros, *N.-D. de Lourdes*, p. 236.

(2) *Ibid.*, p. 217.

la perfection, elle devenait peu à peu — si elle ne l'était déjà — une petite sainte. Et quoiqu'elle parût encore une enfant, ses vingt ans avaient sonné pourtant et le moment était venu pour elle de choisir un état de vie.

Pas un instant elle ne songea au mariage. Sa santé le lui eût-elle permis que son attrait n'était pas là. A quelqu'un qui l'y engageait elle répondit vivement comme effrayée : « Oh non ! » — Sans doute avait-elle compris qu'il y a des virginités plus fécondes que les maternités humaines puisqu'elles enfantent à Dieu, par la prière et par l'exemple, des générations innombrables d'âmes immortelles ? Sans doute était-elle de ces natures — exceptionnelles, il est vrai, et privilégiées — qui, ayant goûté à l'union divine de l'âme en Dieu, ne peuvent plus vivre des matérialités de la terre ? Toujours est-il que sans conseil, sans pression, parce que sa pente était là, elle s'orienta de suite vers le cloître. Elle y alla parce qu'elle y était vraiment appelée. Mais quoique l'appel fût venu tôt, la maladie l'empêcha longtemps de s'y rendre.

« Bientôt après les apparitions, dit en effet sa marraine, qui était aussi sa confidente, Bernadette eut l'idée d'être religieuse ; elle voulait être carmélite, mais on lui fit comprendre que sa santé ne lui permettait pas d'entrer dans cet ordre (1). »

Alors, elle rêva d'être trappistine. « J'aimerais beaucoup cela, disait-elle, si j'avais un peu de santé... Là du moins on ne viendrait pas me tracasser, mais on me dit que je ne pourrais pas suivre la règle (2). »

Elle ambitionna aussi de s'enrôler dans les rangs des sœurs de Saint-Vincent de Paul, et, à la voir malade elle-même soigner les malades de l'hospice et particulièrement une pauvre femme « couverte de plaies et fort dégoûtante (3) », avec un joyeux dévouement, on sentait bien que nulle vocation ne convenait mieux à son cœur avide de se donner. Mais c'était toujours la force qui manquait.

C'est pour cette raison de santé et aussi par un motif de reconnaissance envers les sœurs qui l'avaient si longtemps recueillie, qu'elle se décida, malgré ses préférences, à revêtir leur habit. Mais se jugeant trop ignorante, « bonne

(1) P. Cros, *N.-D. de Lourdes*, p. 241.
(2) *Ibid.*, pp. 141-142.
(3) P. Cros, *N.-D. de Lourdes*, p. 238.

à rien », et d'ailleurs dépourvue de dot, elle n'osait d'abord solliciter la faveur d'entrer dans leur ordre et se serait même volontiers résignée à rester toujours à l'hospice comme servante, si l'obsession des perpétuelles visites, des admirations et des éloges, ne lui était devenue intolérable.

Il fallut la visite de l'évêque de Nevers, dont relevait l'ordre des sœurs de Lourdes, pour la décider et lever ses scrupules de délicatesse et d'humilité. Cependant, Bernadette fut encore retenue à Lourdes par d'incessantes crises. Durant cette longue période d'attente, elle put suivre librement les exercices de la communauté sans en faire partie, s'essayer en quelque sorte à la vie religieuse. Et vraiment, outre son désir d'échapper à la curiosité et aux hommages, elle se sentait de plus en plus attirée par ses voix intérieures vers la demeure du Seigneur.

Enfin rétablie, son départ pour la maison-mère de Nevers fut fixé aux premiers jours de juillet 1866. Bernadette, toujours restée par sa simplicité, sa jeunesse d'âme et même ses frêles apparences l'enfant des apparitions, avait déjà vingt-deux ans.

Les adieux furent tristes; non certes qu'elle

regrettât sa décision, vieille de plusieurs années, car à une amie qui la consolait, elle répondit : « Le peu de temps que nous avons à passer sur la terre, il faut bien l'employer, et je suis très contente de partir (1). » Mais tout de même ce n'était pas sans un déchirement qu'elle quittait son passé, son cher, son merveilleux, son divin passé. Pour sa famille, elle avait une profonde affection, car le pain avait pu manquer à l'humble foyer, mais non pas la tendresse, et les souvenirs de misère comme les souvenirs de joie enlaçaient son cœur si tendre de mille liens douloureux à rompre. Mais pour la Grotte, elle avait plus que de l'affection, elle avait de la passion ; la Grotte, c'était plus que sa famille et sa patrie, c'était son ciel. Et voici qu'au moment de partir, elle y restait attachée, les lèvres collées au rocher, sanglotante... ne parvenant pas à s'arracher parce que son cœur demeurait là !

Et la Dame, en cet adieu déchirant, ne se montra pas.

(1) P. Cros, *N. D. de Lourdes*, p. 247.

# CHAPITRE II

## A NEVERS

Au couvent de Saint-Gildard à Nevers toutes les religieuses attendaient avec anxiété la novice devenue sœur Marie-Bernard. Dans leur vie monotone de recluses, quel événement, en effet, que l'arrivée de cette jeune fille favorisée d'apparitions virginales, de cette petite amie de la Reine des Cieux! Comprenant que les égards, dont Bernadette allait se voir entourée par des religieuses considérées jusqu'alors comme des maîtresses, seraient plus dangereux pour son humilité que les flatteries d'étrangers, la supérieure, résolut prudemment de la traiter comme toutes les autres postulantes. Elle voulut même paraître ignorer les grâces dont la voyante avait été l'objet. Les sœurs reçurent donc la consigne de ne jamais lui parler des apparitions. Mais l'épreuve et la privation furent pour elles seules, car cet oubli dont on entourait Bernadette était la plus grande grâce qu'on pût lui faire. Fidèle à sa réserve, elle-même garda pendant tout son noviciat un silence absolu sur les événements de Massabielle.

En outre, par une précaution rendue inutile par l'extrême simplicité de la novice, la supérieure « la traitait avec froideur, rigueur même et l'humiliait en toutes occasions ». Elle lui assigna, par exemple, les plus bas emplois de la maison, et d'abord celui de laveuse de vaisselle. La pauvre enfant, habituée par la misère à toutes ces basses besognes et à bien d'autres encore, s'en acquittait le plus naturellement, le plus joyeusement du monde, sans même soupçonner qu'on eût voulu l'éprouver en cela.

Rien d'ailleurs que le désir d'humilier la jeune religieuse ne méritait ces sévérités; mais rien aussi, il faut le dire, ne la signalait à l'attention. De même qu'à Lourdes elle était restée semblable à ses petites compagnes de classe, ici rien ne la distingua extérieurement de ses compagnes de noviciat. « Elle se montra, dit un témoin, régulière et édifiante, mais dans l'accomplissement même de ses devoirs de piété, elle ne dépassait pas extérieurement le niveau commun (1). » « D'une piété douce, ajoute son historien Estrade, elle ne manifesta ni les ardeurs habituelles des novices, ni les lassitudes et les découragements qui suivent les excès de zèle (2). » Et cela se comprend, elle était mûre pour venir habiter le couvent, parce que depuis longtemps elle était la fiancée de Dieu.

Elle vivait donc là perdue enfin dans l'humilité du Seigneur, heureuse de sa solitude intime avec Lui, radieuse, comme dit le poète,

Radieuse d'avoir épousé le silence,

ne se nourrissant plus que d'espérance et de souvenirs.

Elle n'était plus qu'une délicate fleur humaine épanouie au fond d'un cloître pour les seuls yeux du Maître. Et vraiment elle fleurissait désormais en vertus exquises, émondant avec soin ses moindres velléités de défauts, finissant

(1) P. Cros, *N.-D. de Lourdes*, p. 247.

(2) Estrade, *les Apparitions de Lourdes*, p. 308.

de s'épurer avant de mourir, comme ces fleurs qui perdent leurs taches et dilatent leurs parfums en se fanant.

De cette âme toute ouverte au ciel émanait un charme indéfinissable auquel nulle de ses compagnes n'échappait.

Durant les premiers mois, elle reprit des forces, sa santé parut un moment se rétablir et l'on en profita pour lui confier le rôle d'infirmière; mais bientôt une violente rechute, un terrible crachement de sang, la jeta mourante sur son lit. Elle eut du moins la suprême consolation d'y prononcer ses vœux : elle était liée au Christ pour toujours.

Mais le bonheur des noces éternelles ne lui était pas encore réservé. Elle n'avait pas encore assez souffert sans doute, car elle guérit! Elle ne se releva que pour être poignardée, dans l'âme cette fois, par une autre douleur : la mort de sa mère, presque subitement emportée.

Quel déchirement ce fut, on ne le comprend qu'en devinant tout ce qu'était *la mère* dans cette famille pauvre!

Du moins la consolation de Bernadette fut de penser que Dieu avait choisi, pour rappeler à Lui la chère morte, la fête même de l'Immaculée

Conception, comme un gage de miséricorde, comme une preuve d'éternel bonheur !

De la terrible crise physique qui venait de l'ébranler, elle était restée très affaiblie, toute chancelante, mais infiniment calme et de plus en plus détachée des choses d'ici-bas. Elle avait même repris son emploi de garde-malade, mais le médecin qu'elle aidait fit observer à la supérieure que la place de sœur Marie-Bernard serait plutôt dans un lit à l'infirmerie que dans le rude état d'infirmière. Aussi la releva-t-on de cette charge par trop pénible pour la placer à la sacristie.

Là, du moins, quelles douces journées ne dut-elle pas passer dans cette chapelle devenue sienne, devant cet autel qu'elle ornait avec un goût exquis, vivant dans la compagnie du Christ et de Marie, faisant comme partie, a-t-on dit, de la sainte Famille.

Elle était devenue extrêmement adroite aux travaux d'aiguille et, durant ses heures de loisir, elle brodait pour le service de Dieu de merveilleux ouvrages qu'on a religieusement conservés. Et tandis que de grandes fleurs irréelles aux corolles de rêve s'épanouisaient ainsi et se nuançaient peu à peu sous ses doigts frêles, son âme s'envolait au loin vers des souvenirs qui étaient encore des prières.

Jamais plus cependant elle ne parlait du passé, qu'en cas de nécessité absolue, ayant conservé des interrogatoires une lassitude profonde. Elle désirait désormais garder son trésor caché au fond du cœur, à l'abri de toute profanation indiscrète. Elle n'en parlait jamais, mais y pensait sans cesse; et quand on lui demandait si elle serait heureuse de retourner à Lourdes : « Oh ! oui, répondait-elle, si je devais n'être vue de personne (1) ! » D'autres fois, on l'entendait dire : « Si j'étais petit oiseau, j'irais matin et soir à la Grotte (2). »

S'y rendre était donc son plus cher vœu, mais à la condition de rester invisible, et de ne pas voir les transformations de Lourdes. L'érection des édifices, la magnificence des cérémonies, l'affluence des foules, toutes ces choses déjà entrevues avant de partir et qu'on ne lui dissimulait pas (on lui taisait seulement quel rôle son souvenir jouait là-bas), toutes ces pompes, l'effrayaient; pour rien au monde elle n'eût voulu s'y mêler.

(1) P. Cros, *N.-D. de Lourdes*, p. 251.

(2) *Ibid.*, p. 251.

Mais la Grotte, sa chère Grotte de jadis, l'ogive des apparitions, oh ! y revenir comme un petit oiseau, s'y poser un instant sans rien voir d'autre et sans être vue !...

Du moins, si c'était impossible, y retournait-elle fréquemment sur les ailes du souvenir comme en témoigne la lettre suivante adressée à sa sœur Toinette : « Ne m'oubliez jamais dans vos prières, surtout quand vous allez à ma chère Grotte ; vous m'y trouverez quelquefois, *j'y suis très souvent* même sans permission (1). »

Ah ! ces lettres de Bernadette, ces lettres charmantes qu'on croirait encore parfois d'une petite fille aimante et naïve, mais qu'on sent pourtant d'une grande sœur bonne conseillère et d'une religieuse éclairée, ces lettres pleines de choses délicieuses et aussi de fautes d'orthographe, comme elles montrent bien que la vie du cloître n'avait ni tué, ni amoindri en elle les affections de famille et les souvenirs de l'enfance. Comme elles révèlent sous la guimpe de sœur Marie-Bernard le cœur toujours ému et jeune de la petite bergère de Bartrès, et quelle vive lueur elles projettent

(1) P. Cros, *N.-D. de Lourdes*, p. 273.

sur sa vie intime à Nevers ! Bernadette n'y parle que rarement et le plus brièvement possible de ses souffrances si fréquentes et si prolongées. Encore ces aveux de maladie sont-ils tout rétrospectifs et comme voilés d'un rassurant sourire. « Me voici encore une fois ressuscitée après avoir gardé trois mois le lit, écrit-elle un jour dans un mouvement d'abandon peu coutumier sur sa santé. J'ai d'abord commencé par une crise d'asthme, ensuite un fort crachement de sang qui ne me permettait pas de faire le moindre mouvement sans qu'il se renouvelât. Tu croiras sans peine que d'être ainsi clouée n'arrange guère ma nature bouillante. Mais voici les forces qui reviennent (1)... » Dans une autre circonstance, elle avoue qu'elle est moulue par la douleur « comme un grain de blé ». D'ordinaire, elle ne mêle aux nouvelles générales qu'un bref bulletin comme celui-ci : « Ma santé n'est pas plus mauvaise » ; ou comme cet autre qui date cependant d'une de ses pires crises : « J'espère que les chaleurs me remettront encore cette fois. Je vais à la messe le dimanche ; les forces reviennent un peu tous les jours, ne

(1) P. Cros, *N.-D. de Lourdes*, p. 272.

te tourmente pas, je ne mourrai pas encore cette fois (1). »

Puis elle détourne vivement l'attention de ses maux pour la reporter sur des préoccupations plus hautes : « Prie moins pour ma santé, écrit-elle à une cousine, et beaucoup plus pour ma pauvre âme. Demande souvent à Notre-Seigneur qu'il fasse de moi une religieuse selon son cœur. J'aurai toujours assez de santé, mais jamais assez d'amour pour Notre-Seigneur (2). »

Mais déjà elle a hâte de ne plus parler d'elle. Son intérêt, c'est l'intérêt de ceux qu'elle aime, de leur santé physique et surtout morale, de leur réussite dans la vie, de leur avenir éternel. Point de sermons, d'exhortations déplacées et par cela même mal acceptées, mais un souci constant du salut des siens dominant tout autre souci et parfois un trait édifiant, un mot pieux jailli de son cœur de sœur aînée, de petite mère. « N'ayant plus nos chers parents, écrit-elle à son frère soldat, il me semble que c'est un devoir pour moi comme votre aînée de veiller sur vous. Je t'avoue que dans ce moment je suis

(1) P. Cros, *N.-D. de Lourdes*, p. 290.
(2) *Ibid.*, p. 273.

vivement préoccupée de ton avenir et de celui de Pierre. Je prie tous les jours Notre-Seigneur et la sainte Vierge de vous *éclérés* (1) ; je te recommande surtout d'être bien fidèle à tes devoirs de chrétien, c'est là que tu trouveras force et lumière dans toutes les peines et difficultés. Je sais que les *mélitaires* ont beaucoup à souffrir et en *cilance*; s'ils avaient le soin de dire tous les matins en se levant ces courtes paroles à Notre-Seigneur : « Mon Dieu, aujourd'hui je *veut* « tout faire et souffrir pour amour pour vous », que de mérites n'acquerraient-ils pas pour l'éternité (2) ? »

Que peut-on conseiller de plus bref — et aussi de plus beau — que cette courte et simple prière ?

Cependant de son beau-frère elle exige moins encore : « Je désirerais bien, dit-elle, qu'il fasse tous les jours cette petite prière : « Grand saint « Joseph, priez pour moi, pour ma famille, et « protégez-nous (3) ! » Et pour faire passer cette légère obligation, comme pour s'excuser de son intervention, délicatement elle ajoute : « J'es-

(1) Nous respectons dans cette lettre, à titre de spécimen, l'orthographe originale.

(2) Autographe de la famille Soubirous.

(3) P. Cros, *N.-D. de Lourdes*, p. 290.

père que vous ne me refuserez pas ce petit service (1). »

Ce n'est que lorsqu'elle a vraiment lieu de craindre l'inobservance des commandements, qu'elle devient pressante : « Je vous en prie, observez le saint jour du dimanche, ce n'est pas le travail du dimanche qui vous enrichira ; au contraire, vous vous attirerez des malheurs sur vous et vos enfants. De grâce ne faites pas cela (2) ! »

Entre tous, les enfants, pour lesquels elle a toujours montré d'ailleurs une prédilection particulière, sollicitent son souvenir. Mais maintenant, elle les aime d'une affection surnaturelle, elle les aime — et n'est-ce pas les chérir infiniment plus, infiniment mieux – à travers Dieu.

« Que fait ma chère petite filleule, demande-t-elle ? Aime-t-elle bien le bon Dieu ? Est-elle bien sage ? Je désirerais avoir quelques étrennes pour lui envoyer, mais je suis très pauvre; je n'ai rien, absolument rien, aussi je prie le saint enfant Jésus de lui donner pour étrennes son saint amour (3). »

(1) P. Cros, *N.-D. de Lourdes*, p. 290.

(2) *Ibid.*, p. 292.

(3) *Ibid.*, p. 293.

En parlant d'une de ses nièces, elle écrit à sa sœur Marie cette pensée renouvelée de Blanche de Castille : « Cependant, chère Marie, je préférerais mille fois apprendre sa mort que d'apprendre plus tard qu'elle n'était pas une bonne chrétienne... N'oubliez pas que Notre-Seigneur, un jour, vous demandera compte de cette chère âme (1). »

Toujours simple et naïve, elle envoie parfois de menus souvenirs aux siens : une statuette à son beau-frère ; à son frère un Sacré-Cœur : « Je joins à ma lettre un petit Sacré-Cœur que j'ai fabriqué ; porte-le sur toi. »

Une autre fois, c'est un plus mince cadeau encore : « Une de nos chères sœurs m'a donné un œuf rouge, pensant qu'il ferait plaisir à ma petite nièce ; je te l'envoie avec beaucoup de plaisir. Adieu, je vous quitte en vous embrassant tous bien affectueusement et surtout ma petite nièce. Adieu (2). »

D'une tendre sollicitude pour les siens, elle s'occupe et même s'inquiète sans cesse d'eux, s'attristant par exemple de ne pas recevoir assez

(1) P. Cros, p. 279.
(2) P. Cros, *N.-D. de Lourdes*, p. 290.

fréquemment de leurs nouvelles. « Que fait Pierre ? interroge-t-elle. Je trouve qu'il est bien paresseux pour m'écrire... Je ne sais que penser de Jean-Marie qui ne m'a pas écrit depuis si longtemps. Je t'en prie, dis-lui de ne pas me laisser sans avoir de ses nouvelles (1). » Et encore : « Ma bonne sœur, tâche de me faire savoir si mon frère Marie-Bernard est toujours à Eauze ; je suis très mécontente de lui : je lui ai écrit deux fois sans avoir une réponse de sa part (2). »

Elle-même, pourtant, n'écrit pas souvent, bien moins parce qu'elle est « très paresseuse pour prendre la plume (3) », que par un motif de pudeur et d'humilité qu'elle exprime un jour ouvertement ainsi : « Voici la raison pour laquelle je vous écris si rarement : il m'a été dit que mes lettres couraient partout, et, si cela se renouvelait, je n'écrirais plus à personne (4). »

Mais, sous cette menace nécessaire, quelle affection et quelle tendresse ! Dans cette même

(1) P. Cros, *N.-D. de Lourdes*, p. 283.

(2) *Ibid.*, p. 279.

(3) *Ibid.*, p. 285.

(4) *Ibid.*, 298.

lettre, n'avoue-t-elle pas à son frère qu'elle pleure en recevant les siennes.

Et ce n'est pas seulement aux siens qu'elle reste ainsi attachée du fond du cœur, c'est encore à sa petite patrie natale, surtout à sa chère Grotte, dont elle s'informe fréquemment comme d'une amie. « Ma chère Marie, demande-t-elle un jour toute bouleversée, je suis vivement inquiète, il paraît que le Gave a débordé ; il me tarde de savoir si l'eau a fait beaucoup de mal à la Grotte et aux moulins qui se trouvent sur les bords du Gave (1). »

Tandis qu'elle ne vivait plus ainsi qu'avec Dieu et par le souvenir avec ses proches, le monde qu'elle oubliait s'était emparé de son nom. Sa réputation, disons mieux, sa gloire allait en grandissant sans cesse. Elle seule s'ignorait, mais à Lourdes tout l'exaltait désormais : des vitraux, des mosaïques, des tableaux, des bas-reliefs la représentaient en tête à tête avec la Vierge ; des discours magnifiaient son humilité ; des livres écrits sur elle portaient jusqu'au bout du monde son modeste nom de bergère. Mais tout cela, la pauvre petite sacris-

(1) P. Cros, *N.-D. de Lourdes*, p. 282.

tine de Nevers, vivant si lointaine en son cloître, comme dans un îlot de solitude sur un lac de silence, ne le devinait même pas.

Et les années de sanctification passaient, dans la limpidité d'une conscience tranquille, au soleil de Dieu, mûrissant peu à peu cette âme pour l'éternité. Les épreuves redoublaient cependant, fondaient sur elle en terribles averses mais sans parvenir à briser cette frêle tige humaine, faisant seulement éclore en elle les fleurs précieuses de la résignation et du sacrifice. A de nouveaux chagrins tels que la mort de son père, se mêlait l'avalanche périodique des maux physiques : douleurs, crises d'asthme, rhumatismes crucifiants, crachements de sang, et la terrible nécrose qui commençait à ronger ses os, à fouiller ses moelles.

Une tumeur du genou droit lui causa des souffrances tellement intolérables que, malgré toute son énergie, elles lui sortaient des lèvres dans un gémissement continu : « Oh, que je souffre ! oh, que je souffre ! » A quoi elle ajoutait aussitôt : « Mon Dieu, je vous l'offre (1) ! »

Par instants elle devenait livide, comme morte,

(1) P. Cros, *N.-D. de Lourdes*, pp. 306-307.

et, sous l'action dévorante du mal, tout son corps se dessécha... Mais, après ces terribles crises, elle s'excusait, demandait pardon de ses plaintes. Pourtant, ce long martyre, qui lui arrachait des cris de douleur, ne lui tira pas un murmure de révolte. Elle acceptait tout avec une patience admirable, et le peu d'alliage terrestre qui était mêlé à son âme s'éliminait ainsi dans le creuset de la souffrance.

Au milieu de toutes ces épreuves, il y avait encore quelques beaux jours, quelques rayons de joie presque enfantine ; elle demeurait toujours, même à trente et un ans, « cette humble et petite enfant à qui la vierge avait promis le bonheur éternel (1) ».

Enfin, au mois de décembre 1878, elle reprit à l'infirmerie la place qu'elle ne devait plus quitter. Elle était définitivement clouée sur sa croix de douleurs. Sur ce lit où elle allait mourir, elle fit encore une fois le récit des apparitions. Elle légua « cette déposition suprême devant les représentants des évêques de Tarbes et de Nevers, en présence de la supérieure générale de la Congrégation de Nevers et de son Conseil.

(1) P. Cros, *N.-D. de Lourdes*, p. 301.

Elle témoigna même en ce moment une joie très grande qui ne lui était pas habituelle en ces occasions, et répondit volontiers à de longues séries de questions, redisant avec charme, dans sa douce langue des Pyrénées, les paroles tombées des lèvres de Marie. Plus de vingt ans après les événements, en présence de la mort et de l'éternité, la religieuse affirma ce qu'elle avait dit étant enfant (1)... »

... Les derniers jours de l'hiver tombèrent un à un dans le passé, un printemps de plus allait sourire sur le monde, et par les prés reverdis et sur les arbres bourgeonnants Pâques, Pâques fleuries s'avançaient. Bernadette attendait la mort...

Si malade, si défigurée qu'elle fût, elle exerçait encore sur les enfants ce charme incompréhensible, cet extraordinaire influence qu'expliquaient sa très douce affection pour eux et l'instinct de ces petits que, Bernadette ayant conservé le don de l'enfance, leurs âmes pures étaient vraiment sœurs.

Les dernières visites qu'elle reçut du dehors, au lit, furent celles de deux fillettes. L'une, âgée de sept ans, lui demanda : « Ma sœur,

(1) Estrade, *les Apparitions de Lourdes*, p. 315.

vous avez vu la sainte Vierge? — Oui, répondit tout bas Bernadette avec un sourire. — Elle était bien belle? demanda encore l'enfant. — Si belle, dit la malade, que quand on l'a vue une fois, il tarde de mourir pour la revoir (1). » Et vraiment oui, il lui tardait de mourir ; elle en avait assez de la terre, elle n'aspirait plus qu'à la récompense, au rendez-vous éternel avec la Dame. Attendant impatiemment « l'heure de la promesse », elle était toute tendue déjà vers le ciel. Aussi, quand on lui parlait de faire le sacrifice de sa vie : « Mais ce n'est pas un sacrifice », répondait-elle.

Dans ces derniers temps, son regard déjà si limpide prit une extraordinaire beauté : « A mesure que son corps se consumait, disent les témoins, la vie semblait se concentrer dans ses grands yeux, qui devenaient de plus en plus limpides et radieux (2). » Ces yeux, que le surnaturel avait déjà touchés, brillaient surtout d'un éclat particulier lorsqu'elle les arrêtait dans une muette prière sur son crucifix ou sur le ciel. Son âme, dégagée à

(1) P. Cros, *N.-D. de Lourdes*, p. 310.

(2) Estrade, *les Apparitions de Lourdes*, p. 317.

demi des liens terrestres, commençait déjà peut-être à entrevoir les splendeurs de l'au-delà, et le calme de l'infini descendait alors sur ce faible front où la vie avait posé une couronne de roses et d'épines, de souffrances et d'amour.

Un instant, pourtant, sa sérénité fut troublée : le démon, de même qu'il s'était montré à la Grotte pour contrefaire le rôle de la Dame (1), cherchait maintenant à s'insinuer devant la face de Dieu dans l'esprit de la mourante. Elle s'écria plusieurs fois, effrayée : « Va-t'en, Satan ! » Puis, à la sœur qui la gardait : « Ma sœur, j'ai peur... j'ai peur !... Ah ! j'ai reçu tant de grâces, j'ai peur d'en avoir si peu profité (2) ! »

La sœur lui dit : « Le Sauveur est assez riche pour payer toutes vos dettes, et nous aussi nous vous aidons toutes de nos prières... » Alors, Bernadette poussa un soupir de joie : « Maintenant, dit-elle, je suis tranquille. » Et elle entra dans un grand calme qui dura jusqu'à la fin.

Enfin, « la mort eut pitié ». « Le mercredi de Pâques, 16 avril, sœur Marie-Bernard était assise dans un fauteuil, espérant la délivrance et

(1) Voir page 223 et suiv., les fausses visions.

(2) *Annales de N.-D. de Lourdes* du 30 avril 1879.

priant. A une heure après midi, elle fit appeler son confesseur et voulut se purifier encore par le sacrement de Pénitence.

« Vous souffrez beaucoup ? lui dit une de ses compagnes. — Tout cela est bon pour le ciel, reprit sœur Marie-Bernard. — Je vais demander à la Vierge Immaculée de vous donner des consolations. — Non, fit la malade, pas de consolations, mais la force et la patience (1). »

On lui donna son crucifix, elle s'en empara vivement comme d'un trésor, le plaça sur son cœur et l'y serra, comme pour l'y graver. Mais bientôt ses mains défaillantes retombèrent. Alors, à sa demande, on attacha la croix sur sa poitrine pour qu'elle la sentît, imprimée là, jusqu'à son dernier souffle.

« On la vit aussi étendre les bras en forme de croix en murmurant : « Ah, je l'aime (2) ! » Puis, d'une voix claire, rendue presque forte par l'accent de volonté qui y passait, d'une voix qui était un acte, l'acte d'amour de toute sa vie, elle dit : « Mon Dieu, je vous aime de tout

(1) *Annales de N.-D. de Lourdes* du 30 avril 1879.
(2) *Ibid.*

mon cœur, de toute mon âme, de toutes mes forces (1) ! »

... La mort, cependant, tardait. Sœur Marie-Bernard, immobile au seuil de l'éternité, attendait, sans un doute sur ses apparitions, mais dans une certitude absolue et dans une confiance illimitée, l'aube d'extase divine qui allait se lever et qui n'aurait pas de crépuscule, à travers les siècles et les temps, jamais...

Enfin elle désira boire et fit, avant d'approcher l'eau de ses lèvres, un grand, un immense, un dernier signe de croix comme la Dame de la Grotte lui avait appris à les faire. Il était trois heures. Autour d'elle on priait. Dans cette douce atmosphère de piété, son âme s'éteignait tranquille.

Soudain, comme si elle répondait à quelqu'un d'invisible, à une voix qu'on ne percevait pas, elle récita deux fois distinctement la seconde partie de l'Ave, disant : « Sainte Marie, Mère de Dieu, priez pour moi, pauvre pécheresse, maintenant et à l'heure de ma mort... » Une troisième fois, elle commença de nouveau : « Sainte Marie, Mère de Dieu..... » mais une

*Annales de N.-D. de Lourdes* du 30 avril 1879.

suffocation la prit, elle ne put terminer, elle inclina la tête, elle était morte.

Semblables à trois sons d'angélus, ses dernières paroles avaient tinté, et l'ultime salutation angélique défaillante sur ses lèvres, son âme avait été la terminer aux pieds de la Vierge qui avait transfiguré sa vie...

. . . . . . . . . . . . . . . .

Après la mort, son pauvre corps, desséché par la souffrance, parut véritablement « refleurir » ; son visage de douleurs se détendit dans une sérénité absolue, dans une majesté immense. Elle était bien morte dans le baiser de l'Éternel.

Pendant trois jours, jusqu'à l'ensevelissement, ses membres restèrent flexibles, sa chair colorée, ses ongles roses (1). Aucune odeur n'émanait de la frêle dépouille de la petite vierge.

... Ainsi mourut, humble, douce, pieuse, sœur Marie-Bernard, qui pour nous et pour tous et pour tous les âges, restera toujours la petite bergère élue par la Vierge, la petite Bernadette des Apparitions !

. . . . . . . . . . . . . . . .

. . . . . . . . . . . . . . . .

(1) P. Cros, *N.-Dame de Lourdes*, p. 317.

Trente ans ont passé.

Et le cercueil de Bernadette vient d'être ouvert ! Le corps est intact, la chair colorée, les membres souples, les ongles roses... Elle paraît endormie, morte d'hier. La corruption du tombeau qui nous dévore n'a pas eu de prise sur la privilégiée de Marie.

Puisse l'Église, un jour — bientôt peut-être — ratifier de sa voix infaillible la voix du peuple qui appelait Bernadette de son vivant déjà : la petite sainte !

# QUATRIEME PARTIE

---

# RÉALITÉ DES APPARITIONS

# RÉALITÉ DES APPARITIONS

> « Si je l'ai vue, vue de mes *œils!* »
> Réponse de Bernadette à un contradicteur.

L'étude des phénomènes de Massabielle, celle de leur extraordinaire influence et de leurs merveilleuses conséquences, aussi bien que la connaissance du caractère si loyal de Bernadette, ont dû dégager déjà, j'espère, une croyance bien motivée aux apparitions.

Ce n'est pas assez ; sur la réalité des visions, aucun doute ne doit planer. Il nous faut donc reprendre les faits, les confronter et les heurter en quelque sorte, pour en faire jaillir une certitude absolue. Il faut indubitablement prouver : et que Bernadette n'a pas voulu tromper, et qu'elle n'a pas pu se tromper. *La sincérité de la voyante*, puis *la réalité de la manifestation surnaturelle de Lourdes* doivent ainsi, aux lueurs de la discussion, s'éclairer enfin d'une évidence sans ombres.

# CHAPITRE PREMIER

## SINCÉRITÉ DE BERNADETTE

Malgré les *calomnies* dont on va la voir assaillie et les *fausses visions* qui voulurent la battre en brèche, la sincérité de Bernadette apparaîtra évidente et par l'*incapacité de la voyante à imaginer puis à réaliser le programme des Apparitions*, et par *son manque d'intérêt à les exécuter* et enfin par *son indiscutable candeur*.

*
* *

Pour tout esprit impartial et réfléchi la violence même et la déloyauté des attaques qu'essuya, sans en être ternie, sa réputation, militeront d'abord en sa faveur, en inspirant cette réflexion : « Quel grand intérêt avait-on à ruiner le fondement des apparitions pour travestir ainsi la vérité ? »

Les journaux du temps firent presque tous les frais de cette guerre sans gloire. Placé aux avant-gardes, celui de Lourdes ouvrit le feu. Pour discréditer la voyante, il narrait ainsi la première apparition : « Trois enfants en bas âge étaient allées ramasser des branches d'arbre débris d'une coupe faite aux portes de la ville. Ces *filles se voyant surprises par le propriétaire* s'enfuirent à toutes jambes dans l'une des grottes qui avoisinent le chemin de la forêt de Lourdes (1)... »

Si le journal de la localité se permettait de pareilles interprétations, que devait-il être des journaux du loin, libres d'abuser impunément de la bonne foi de leurs lecteurs ? L'on va voir par quelques extraits qu'ils ne se gênaient pas.

« La prétendue Bernadette, publiait une de ces feuilles, n'est pas une paysanne innocente, mais une jeune bourgeoise très cultivée, très rusée de caractère et qui a passé plusieurs mois

(1) *Le Lavedan* du 18 février 1858.

dans un cloître de nonnes où on lui a soufflé le rôle qu'elle devait jouer. Là, devant un petit nombre de compères, on a donné des représentations d'essai, bien avant la scène publique. Comme on le voit à cette comédie, il ne manquait rien, pas même les répétitions (1). »

Une « bourgeoise », cette pauvrette qui vivait dans un taudis cédé par la charité d'un parent et où souvent le pain manquait ! « Très cultivée », cette ignorante qui, à quatorze ans, ne savait ni lire, ni écrire, ni parler français ! « Très rusée de caractère », cette naïve dont l'âme était si candide et la parole si franche que ses parents disaient : « Bernadette ne sait pas tromper ! » Quelles allégations mensongères ! Tant qu'au « cloître de nonnes où elle avait passé *plusieurs mois*... et où on *lui avait soufflé son rôle*, » c'était l'école des sœurs de Lourdes que l'enfant, rentrant de Bartrès, avait à peine fréquentée quinze jours, assistant seulement aux classes publiques. Et les prêtres de Lourdes visés par « les compères des répétitions » ne connaissaient pas, même de vue, Bernadette. Il n'importait. Que le virus de ce mensonge eût pénétré l'âme

(1) *Amsterdaamsche Courant*, 9 septembre 1858. Reproduit par nombre de périodiques français.

de quelques lecteurs, et le but était atteint.

*L'Ère Impériale*, feuille officielle de la préfecture de Tarbes, n'avait-elle pas donné elle-même l'exemple de la calomnie en écrivant à propos de l'érection de la chapelle demandée par la Dame: « Pour élever un saint édifice, on pourrait choisir une autre cause que les déclarations d'une fillette hallucinée, et un autre lieu que la *mare* où elle a fait sa toilette (1). » Et le *Siècle*, en recherche de son scandale quotidien, ajoutait, sur le même ton persifleur : « Il nous semble difficile, que d'une hallucination vraie ou fausse d'une fillette de quatorze ans, et d'un *suintement* d'eau pure dans une grotte, on parvienne à faire un miracle (2). »

Une mare et un suintement, qualifier ainsi l'écoulement d'une source de plus de cent mille litres par jour, cela se passe de commentaires.

*
* *

A ces calomnies écrites, types de bien d'autres que nous ne pouvons relever toutes, s'ajou-

(1) *Ère Impériale*, 10 avril 1858.

(2) *Siècle*, 30 août 1858.

tèrent ce qu'on pourrait appeler les calomnies d'action : les fausses visions qui, suscitées par le démon pour ruiner l'autorité des vraies, se produisirent bientôt à Massabielle.

Elles ne trompèrent personne et la foule n'eut pas besoin de recourir à la police ni au clergé pour démêler ces visions de mauvais aloi des autres ; la contre-façon, quoique parfois habile, restait toujours par trop grossière.

Que les acteurs, séduits par des apparences trompeuses, fussent de bonne foi, ou qu'ils eussent prémédité leur supercherie, ils ne firent point illusion.

Parmi les imposteurs, on remarqua un « gros lourdaud de village » qui « harnaché de banderoles de verdure et le visage affreusement barbouillé, vint parader le soir sur l'autre rive du Gave devant la Grotte » en poussant des beuglements. On le hua et il n'en fut plus question (1).

Puis un gamin de Lourdes se mit en devoir de faire des simagrées et des grimaces si évidentes que le Curé le chassa du catéchisme.

Une servante vint à son tour qui, pour se don-

(1) Estrade, *les Apparitions de Lourdes*, p. 166.

ner des airs de voyante « multipliait ses prostrations sous la Grotte et prenait des airs inspirés... Mais sa pantomime était si maladroitement réussie que tout le monde se prenait à rire. Déçue et bafouée, elle rentra dans l'obscurité (1) ».

D'autres, au contraire, induits réellement en erreur par des artifices diaboliques, virent une dame qui, avenante au premier abord, prenait bientôt une expression terrible ou repoussante. Ils entendaient aussi des harmonies célestes se terminant par des dissonnances et un tohu-bohu qu'on peut, à juste titre, appeler infernal. Certains mêmes, mûs par une force supérieure à leur volonté, entrèrent en convulsion, furent saisis de curieux mouvements rotatoires.

Comme la police, qui suscite parfois de faux prétendants pour faire tort au véritable, le démon par ces fausses apparitions essayait de donner le change des vraies (2). Mais personne

(1) Estrade, *les Apparitions de Lourdes*, p. 166.

(2) Plusieurs auteurs volontaires de fausses visions n'ayant nullement été inquiétés par les autorités — au contraire de Bernadette — cette sorte d'approbation tacite sembla louche à nombre de gens, qui pensèrent

ne fut sérieusement troublé par ces manifestations bizarres, personne ne se laissa prendre à ces contre-façons diaboliques d'ailleurs toutes passagères.

Le serpent avait essayé de mordre, mais la Dame lui écrasa de nouveau la tête sous son pied.

*
* *

Calomnies éphémères et fausses visions peu durables se sont écroulées depuis longtemps dans le mépris et dans l'oubli. Mais l'hypothèse même d'un mensonge de Bernadette peut-elle être sérieusement envisagée? Non! Commettre un tel mensonge, ou plutôt un tel tissu de mensonges était, en effet, bien au-dessus des forces de l'enfant, bien en dehors de son caractère. Nous allons pleinement nous en persuader.

Et tout d'abord, Bernadette n'aurait pu tromper! Comment, en effet, cette ignorante, n'ayant rien vu, rien lu, rien appris, douée d'une intelligence médiocre et d'un parler patois eût-elle été

que la police n'avait peut-être pas été étrangère à leur organisation.

capable d'inventer cette merveilleuse fable des Apparitions? Et non seulement de l'imaginer vaguement mais de dépeindre avec une précision et une richesse de détails inouïe cette idéale vision de la Dame, de tramer fil à fil cette surprenante mystification, cette interminable comédie où des millions d'âme se sont prises... « Évidemment ce n'était pas une tête où put germer le gigantesque dessein de mystifier le monde (1). »

Mais admettons pourtant qu'elle ait pu concevoir ce grandiose projet, inventer la première apparition. Restait encore à soutenir son rôle.

Or, voit-on cette gamine en sabots, si vulgaire de coutume, exécuter, par pure virtuosité, pour aider à son mensonge, ces admirables gestes de princesse ou de sainte, ces saluts tellement gracieux, ces signes de croix tellement splendides que les assistants stupéfaits n'en virent jamais faire de semblables et qu'elle, très simplement, faisait en prenant modèle sur la Dame? Croit-on encore cette petite gardeuse de chèvres commune en dehors de ses visions jusqu'à se gratter les poux sous sa coiffe, capable

(1) Bertrin, *N.-D. de Lourdes*, p. 40.

d'arriver par un simple effort de volonté à simuler au moment voulu d'inoubliables extases, à dépasser du premier coup l'art des plus grandes actrices, à émerveiller et à persuader par la mimique de son visage tous les témoins, et non pas des humbles seuls, mais des mondains sceptiques qui disaient : « La voyante n'avait qu'à bien se tenir, car nous avions les yeux braqués sur elle (1) ? » Est-il admissible qu'elle ait trompé mieux encore : des magistrats défiants qui la surveillaient, des médecins analystes qui l'observaient, bref des critiques exercés et prévenus.

Est-ce par des simagrées qu'elle arrivait à se transfigurer, à s'illuminer d'une beauté telle que toute une foule, composée d'éléments si divers, croyait à sa sincérité, et sentait vraiment qu'elle voyait ou du moins qu'elle croyait voir. Tous, en effet, avouaient non moins surpris qu'émus : « l'heure des raisonnements était passée... elle m'avait vaincu (2)... »

Puis eût-elle pu vraiment répéter sans défaillance, sans que son procédé manquât un seul

(1) Estrade, *les Apparitions de Lourdes*, p. 91.
(2) Estrade, *ibid.*, pp. 92-95.

coup, la trahît un seul instant ou choquât un seul témoin, eût-elle pu répéter ainsi cette comédie dix-huit fois et jusque devant vingt mille spectateurs ? Non, non, cela dépassait ses forces ; en pareille matière on ment déjà difficilement avec des mots, plus difficilement avec des gestes, mais on ne se transfigure pas ainsi.

Et ce n'est pas tout. Il faudrait admettre encore que cette ignorante de la psychologie ait, par un véritable tour de force de réflexion et pour mieux tromper son monde, avoué deux fois n'avoir pas vu la Dame malgré la promesse de rendez-vous, et alors qu'il lui était si facile de dire qu'elle voyait.

Il faudrait supposer en outre que par un dernier calcul de son esprit enfantin elle ait attendu, près d'un mois, l'avant-dernière des apparitions pour révéler le nom de la Dame que le curé réclamait impatiemment, alors qu'elle pouvait aisément le proclamer tout de suite si elle l'inventait.

Enfin il faudrait prétendre que cette naïve ait forgé par un dernier stratagème et en manière de jeu, cet étonnant néologisme, cette expression stupéfiante — et auparavant inconnue : — « Je suis l'Immaculée Conception » et que par une suprême hypocrisie elle l'ait encore prononcée de travers pour fairecroire qu'elle l'ignorait et pouvoir demander ensuite ingénument : « Qu'est-ce que l'Immaculée conception ? » (1). « Si l'on ment, a-t-on dit, en effet, très justement, c'est avec des mots qu'on connaît, et non avec des mots dont on ignore le sens. »

Et la brûlure du cierge, par quel tour de force contraire aux lois de la nature et dont le secret demeure impénétrable à la science, l'eût-elle évitée ? Et la source inconnue jusqu'alors, par quelle jonglerie l'eût-elle fait jaillir ?

De bonne foi, simuler tout cela est-ce dans les possibilités d'un être humain et surtout dans celles d'une petite paysanne inexperte et bornée : oui ou non ?

Mais plus encore qu'une merveilleuse comédienne, cette enfant aurait dû être d'une effronterie, d'une audace fantastique — caractère dont elle n'a jamais donné signe pourtant — pour oser entrer en lutte, contre qui ?... Contre tous ! Contre ses parents incrédules, ses camarades moqueuses, ses maîtresses grondeuses, le curé dont elle avait « plus peur que

(1) Estradé, *les Apparitions de Lourdes*, p. 152.

d'un gendarme », le commissaire de police, le procureur, le maire, le préfet, le ministre, toutes autorités si impressionnantes sur l'esprit d'une chétive comme elle.

Quelle décision faudrait-il supposer dans cet étroit cerveau, quelle audace dans ce cœur timide pour affronter, si l'on eût découvert son imposture, le déshonneur et ce terrible épouvantail de la prison.

Et davantage, plus qu'un admirable don de comédienne, plus qu'un caractère extraordinairement trempé, il eût fallu Bernadette dotée d'un véritable génie pour soutenir son rôle sans un oubli, sans une erreur, sans une faiblesse, non plus cette fois à la Grotte devant une foule, mais dans le tête-à-tête plus troublant encore du commissaire de police, du procureur, du juge d'instruction, du curé, des médecins, et de tous les psychologues qui l'interrogèrent.

Cette étourdie qui avait tant de peine à retenir son catéchisme, fut longuement examinée et travaillée par bien des gens habiles et intéressés à la démasquer sans qu'aucun pût découvrir la couture de son mensonge ! Elle fut bien souvent mise à la question morale sans qu'on parvint jamais à lui arracher un aveu ! Malgré les questions multipliées, embrouillées et perfides, les airs entendus, les menaces enfin, personne ne put intimider ou contredire cette timide et cette naïve. Pourtant que d'interrogatoires subis, car elle a été le « champ et le thème de toutes les discussions, elle a été le livre ouvert dans lequel chacun a pu lire. Jamais âme d'enfant ou de jeune fille n'a été disséquée de la sorte (1). »

De bonne foi, croit-on qu'envers tous, dans toutes circonstances et dans tous les temps, une enfant et une enfant tellement inculte fût capable et d'une habileté aussi pénétrante, et d'un mensonge aussi parfait, et d'une tactique aussi constante ?

*
* *

Imaginer le chef-d'œuvre des Apparitions, en parfaire l'exécution sans une défaillance de visage ou de voix pendant dix-huit apparitions et jusque devant vingt mille personnes, soutenir ce rôle inouï envers et contre tous, pendant toute sa vie, et sortir victorieuse de tous les examens, de toutes les contradictions,

(1) Boissarie, *l'Œuvre de Lourdes*, p. xxxiv.

de tous les obstacles n'était-ce pas, une tâche irréalisable, surtout pour une pauvre petite bergère comme Bernadette? Mais quand même elle l'eût pu réaliser — ce que nous nions — pourquoi l'eût-elle fait? Quel était son motif, son but, son intérêt? Car on admettra bien qu'il faille une cause à une intrigue si habilement tramée, si étonnamment réussie.

L'intérêt de Bernadette à imaginer ces apparitions? On le cherche en vain.

Dira-t-on en effet que ce fut l'intérêt pécuniaire, l'espoir de tirer profit de son rôle de voyante, et d'en battre monnaie? Évidemment non, puisqu'elle n'accepta jamais rien, pas plus une fortune qu'un chapelet trop beau offert par un évêque en échange du sien. Ce désintéressement absolu, invincible, tout le monde le reconnut, le proclama, même le commissaire qui en restait dérouté, ne comprenant plus le mobile de la voyante. Et cependant qu'on songe qu'elle était pauvre, « pauvre, dit le Curé, à manquer de pain (1). »

L'intérêt de ses parents n'est pas davantage en jeu, car leur délicatesse se modela sur celle

(1) Bertrin, *N.-D. de Lourdes*, p. 42.

de leur fille. Jamais, même aux pires jours de gêne, ils n'acceptèrent les cadeaux en nature présentés de grand cœur par de braves campagnards des environs, ni les dons proposés par les visiteurs riches. Et les sommes discrètement laissées sur un meuble, ils ne les gardèrent même pas.

Bernadette n'ayant voulu retirer aucun profit matériel des apparitions, ni pour elle ni pour les siens, dira-t-on alors qu'elle les a inventées par intérêt de vanité, par orgueil ?

Pauvre Bernadette ! Mais se souvient-on que pour mieux échapper aux curiosités, aux admirations, elle se rendait à la Grotte dans l'aube froide d'hiver; qu'elle arivait sans faire de bruit, toute humble « comme si elle allait à l'église », et sitôt l'apparition finie, se perdait dans la foule ; qu'elle ne parlait jamais de ses visions sans être interrogée, les racontait naïvement, sèchement, sans animation, sans un effort pour se faire valoir, puis se taisait ; qu'elle n'osait même pas préjuger d'avoir vu la Vierge, mais « une fille » ; qu'elle ne se targua en aucune circonstance des faveurs de la Reine du Ciel ; qu'elle ne s'en ouvrait même qu'à contrecœur, ayant en horreur ces séances « du parloir » dont elle était l'héroïne et qui eussent dû combler de joie une vaniteuse? Se souvient-on qu'elle cherchait à échapper à ces interrogatoires, pleurait quand on la produisait ainsi de force, préférait tout, même la maladie, à ces exhibitions de « bête curieuse », et qu'elle se défendait des admirations, des vénérations, en disant aux uns, « je ne sais pas bénir, moi » et aux autres «que vous êtes bêtes»? Se souvient-on enfin qu'au lieu d'exploiter son succès, de rester sur la scène, encensée, adulée, de jouir vivante de la gloire d'une sainte, elle se cacha, quitta la ville, s'ensevelit dans le silence, dans l'oubli d'un cloître...renonça à revoir Lourdes, jamais?

Envisager tout cela et puis prétendre que l'amour-propre fut son mobile, quelle contradiction !

Mais si Bernadette n'agit point par intérêt personnel ou d'argent ou d'orgueil, ne peut-on supposer qu'elle agit sous une impulsion étrangère, dans l'intérêt d'autrui ?

Mais intérêt de qui ? De ses parent? Outre leur désintéressement nous savons leur désespoir de voir leur fille devenue la risée de tous et l'opposition qu'ils firent à ses rendez-vous avec la dame.

Intérêt des sœurs ? Mais leur scepticisme est connu et reconnu, puisque le procureur s'en fit une arme contre la voyante. Intérêt du curé ? Mais il ignorait Bernadette au moment des apparitions et l'accueil qu'il lui fit ensuite ne le rendrait pas suspect de connivence avec elle. Or à ces quelques seules personnes se limitait le cercle très restreint des connaissances de la pauvre petite bergère. Pour le reste du monde elle n'existait pas ; car on admettra bien que ce ne furent point ses moutons de Bartrès, ni sa brave paysanne de nourrice qui lui apprirent cette comédie ; ils n'y auraient pas trouvé leur compte.

En somme, l'on n'aperçoit donc chez Bernadette ni les facultés d'exécuter son rôle de voyante ni l'intérêt qui put l'y déterminer ; à ces deux questions : comment eût-elle agi ? pour qui et pourquoi eût-elle agi ? une impossibilité, un néant répondent !... Toute action humaine a un but, et n'est réalisable que par des moyens ; or ici le but et les moyens manquent également à l'enfant : son action n'était pas humaine !

*
* *

A ces preuves matérielles, en quelque sorte, de la sincérité de Bernadette s'en joint une autre d'ordre moral : sa candeur, son horreur instinctive du mensonge ! C'est là ce qui désarma l'irritation primitive de ses parents. Ni eux, ni les amies de la voyante, ceux qui la fréquentaient journellement, ceux à qui l'usage de la vie avait révélé son âme, ne la supposèrent un instant capable d'avoir inventé cette fable. On ne l'avait jamais entendue mentir avant, on ne la vit jamais mentir depuis, comment donc le seul mensonge de sa vie eût-il pu être cette hypocrisie monstrueuse à la face des peuples et de Dieu ? Comment cette enfant si pieuse et si franche eût-elle osé entreprendre cette sacrilège comédie et y persévérer sans remords ? Comment ne se fût-elle pas troublée quand on lui disait : « Prends garde, si tu mens, le bon Dieu te punira, et tu iras en enfer (1). »

Vraiment sa candeur parut évidente non seulement à ses proches mais à tous ceux qui l'approchèrent. Ses calomniateurs — journalistes

(1) P. Cros, *N.-D. de Lourdes*, p. 36.

mal informés ou sectaires, — ne la connaissaient pas ; sa vue seule les eût réduits comme les autres au silence, au respect. Car si bien des gens restèrent malgré tout sceptiques sur le fait des apparitions, nièrent même des guérisons avérées, fait extraordinaire, pas un de ceux qui avaient connu Bernadette ne discuta sa bonne foi. « Nul après avoir vu et entendu la voyante n'osa dire qu'elle mentait (1). » Non, personne en vérité, n'échappa à cette impression de loyauté, de vérité qui émanait d'elle.

Beaucoup pourtant manifestèrent, tant qu'ils ne la connurent pas personnellement des préventions très vives à son égard et une méfiance insurmontable. Tels furent entre autres le procureur impérial, le commissaire de police, le préfet, le sous-officier de gendarmerie chargé de surveiller la Grotte, le directeur de l'École laïque supérieure, les médecins qui reçurent mission d'examiner la voyante. Or, tandis que les uns se contentaient d'avouer simplement leur défaite en disant comme le docteur Balencie « nous n'avons jamais pu soupçonner de fraude chez Bernadette », les autres, partis plus sceptiques

(1) LASERRE, *N.-D. de Lourdes*, p. 204.

encore mais revenus plus touchés, s'écriaient avec un enthousiasme de néophytes : « Allez l'entendre vous qui faites les esprits forts, et vous ne vous retirerez pas sans être tout bouleversés (1). Tous, ils avaient au contact de la voyante, senti se produire le même revirement en sa faveur (2).

Plus tard aussi dans les innombrables inter-

(1) P. Cros, *N.-D. de Lourdes*, p. 89.

(2) Le procureur impérial écrivait dans son mémoire sur Bernadette : « Lorsqu'elle parlait, son langage naïf, son accent doux et convaincu, gagnaient la confiance... lorsqu'elle exprimait un sentiment noble ou une pensée moins commune il se répandait sur ses traits un charme d'autant plus suave qu'on n'y pouvait découvrir que l'effusion d'une âme candide. S'il avait conçu non sans motifs sérieux des préventions le procureur impérial (c'est-à-dire lui-même) après avoir vu et entendu Bernadette le 21 février, partagea l'opinion de la plupart sur la sincérité de l'enfant » P. Cros, *N.-D. de Lourdes*, p. 53. Le sous-officier de gendarmerie d'Angla, sceptique avéré puisqu'il s'écriait sur le théâtre des Apparitions : « Et dire que c'est au dix-neuvième siècle qu'on voit de pareilles sottises », rend également ce témoignage à Bernadette : « Était-elle sincère ? Si je n'ai pu croire à la réalité du miracle, j'ai toujours ajouté une foi religieuse à ses paroles. Cette pauvre fille croyait bien revoir effectivement ce qu'elle avait peut-être rêvé une fois ». P. Cros, *N.-D. de Lourdes*, p. 73.

rogatoires que la malheureuse eut à subir durant des années de la part d'amis ou d'ennemis, elle répondit toujours et à tous avec une telle simplicité, un tel abandon, une telle conviction que ses visiteurs se retiraient disant : elle se trompe peut-être, mais elle ne nous trompe certainement pas.

Donc tous ceux qui l'approchèrent, et même ses pires adversaires, même ceux qui n'admirent jamais la réalité des apparitions crurent fermement à sa bonne foi.

C'est que, malgré sa réserve, son âme entière passait dans ses yeux, dans sa voix, dans ses gestes, dans tout son être : « Elle était naïve comme une fleur des champs (1). » Et la vérité sortait de ses lèvres en des mots si enfantins, si naïfs et si naturels qu'on sentait bien que la source en était toute pure.

Cette sincérité évidente dans toute sa personne, fut manifeste dans toute sa vie. Pas un instant elle ne se démentit, et l'on peut dire que l'existence entière de Bernadette fut la preuve de l'apparition. Elle fit le sacrifice de sa jeunesse et de ses affections à Dieu, parce qu'elle

(1) Bertrin, *N.-D. de Lourdes*, p. 47.

avait vu la Sainte Vierge. Ce souvenir, au lieu de lui causer le dégoût d'un mensonge, au lieu de l'assombrir d'un remords, illumina de joie ses journées de solitude et de maladie. Elle revivait sans cesse ses souvenirs, elle retournait sans cesse en pensée à sa chère Grotte, parce qu'elle s'y retrouvait dans la paix, dans la sécurité, dans la vérité.

S'il est vrai que l'on doit admettre le témoignage de ceux qui meurent pour la foi jurée, ne doit-on pas accepter aussi la parole de cette enfant qui a vécu et qui est morte dans sa foi aux apparitions.

Jusque sur son lit de mort, en effet, interrogée solennellement devant le conseil de la communauté, les représentants des évêques, le prêtre qui allait l'absoudre, et Dieu qui allait la juger, elle a répété encore comme toujours : « J'ai vu. »

Donc tout autour d'elle : les milliers de témoignages et les milliers d'interrogatoires, les calomnies avortées et les objections vaincues, les pièges évités, les obstacles surmontés, l'aveu même de ses adversaires ; tout en elle : son inaptitude à machiner cette intrigue, le rayonnement de ses extases, la pureté de son regard, la loyauté de sa parole, la clarté de ses réponses, son ignorance, sa simplicité, son désintéressement, la constance de sa vie entière et son affirmation suprême et le calme de sa mort, tout dit, tout crie, tout prouve : elle a cru voir.

# CHAPITRE II

## RÉALITÉ DE LA MANIFESTATION SURNATURELLE

Elle a cru voir, soit, mais a-t-elle vu ? A-t-elle bien vu ? Ne s'est-elle pas trompée ? Ne fut-elle pas le jouet d'une illusion ?

Telle est l'objection chère aux incroyants et qu'ils ont étayée, soit *de théories explicatives* des apparitions, soit de simples *calomnies*. Aux unes comme aux autres, il sied de répondre.

*
* *

### I. — Les calomnies.

De celles-ci, la plus marquante fut celle du docteur Voisin. Ce médecin de la Salpêtrière soutint dans une conférence reproduite par la presse que le miracle de Lourdes n'avait pour fondement que la parole d'une enfant enfermée comme folle chez les Ursulines de Nevers. C'était en saper par la base l'autorité.

L'évêque de Nevers se chargea de réduire cette allégation à néant : « Un professeur de la Salpêtrière, répondit-il par la voix de la presse, en développant ses théories sur les hallucinations, a prétendu que Bernadette Soubirous, en religion sœur Marie-Bernard, était enfermée comme folle dans le couvent des Urselines de Nevers. Seriez-vous assez bon pour publier cette lettre par laquelle j'ai l'honneur de déclarer :

« 1° Que sœur Marie-Bernard n'a jamais mis le pied dans le couvent des Ursulines de Nevers ;

« 2° Que, résidant à Nevers, il est vrai, dans la maison-mère des sœurs de la Charité et de l'Instruction chrétienne, elle y est entrée et y reste tout aussi librement que n'importe quelle autre sœur ;

« 3° Que, loin d'être folle, c'est une personne d'une sagesse peu commune et d'un calme dont rien n'approche.

« De plus, je me permettrai d'inviter le susdit professeur illustre, dont je ne me rappelle pas le nom, à venir vérifier en personne l'exactitude de cette triple affirmation.

« S'il avait la bonté de me faire connaître un peu d'avance le jour et l'heure de son arrivée, je me chargerai de le mettre en rapport immédiat avec la sœur Marie-Bernard, et pour qu'il ne puisse concevoir aucun doute sur son identité, je prierai M. le Procureur de la République de vouloir bien la lui présenter. Il lui serait ensuite octroyé de l'envisager, de la questionner, voire même de l'ennuyer aussi longtemps qu'il lui plairait.

« Personnellement je lui promets la plus aimable figure d'hôte. En attendant de pied ferme le savant docteur, je vous prie d'agréer, etc...

« † Augustin, évêque de Nevers.

« 3 octobre 1872 ».

Est-il bon d'ajouter que le « susdit docteur illustre » n'accepta point l'invitation, quoique l'évêque eût même ironiquement offert « de pourvoir aux frais du voyage (1) », et qu'il ren-

(1) Cros, *N.-D. de Lourdes*, p. 270.

tra dans le silence d'où il n'aurait jamais dû sortir.

Mais un catholique militant ne le tint pas quitte à si bon compte et le poursuivit dans sa retraite en lui lançant un défi public d'avoir à justifier ses assertions (1). Il eut beau multiplier les sommations, le docteur Voisin resta muet, ne voulant ni se rétracter ni répondre, et donnant ainsi le droit à son adversaire de lui adresser — définitivement — ces paroles sévères :

« Permettez-moi, Monsieur, de terminer par une réflexion qui s'adresse à tous ceux qui, comme vous, par la parole ou la plume ont l'honneur de parler au public. Tout homme qui dans ces conditions affirme ou nie des faits d'une telle portée sans les avoir vérifiés ou étudiés, commet un crime social, car il fausse ou trouble la conscience de ces classes innombra-

(1) Par des brochures très répandues, puisqu'elles eurent jusqu'à vingt-cinq éditions, l'auteur, M. Artus, s'engageait à verser dix mille francs au docteur Voisin si trois médecins tirés au sort parmi ceux de la Faculté de Paris déclaraient que Bernadette était bien enfermée comme folle. Cette offre faite, l'auteur sommait le docteur Voisin ou d'accepter l'enquête ou de rétracter son erreur. Il n'obtint jamais de réponse, et pour cause...

bles qui n'ont ni le temps, ni la faculté de faire par elles-mêmes un semblable examen, et qui s'en rapportent en leur ignorance à ceux qui se donnent mission de les enseigner (1). »

Une lettre du docteur Robert Saint-Cyr, président de la Société des médecins de la Nièvre, vint protester, à son tour, contre la prétention mensongère du docteur Voisin. Elle disait :

«... Médecin de la Communauté, j'ai donné des soins pendant longtemps à cette jeune sœur (Bernadette) dont la santé très délicate nous inspirait de vives inquiétudes. Aujourd'hui cet état s'est amélioré et, de malade, elle est devenue mon infirmière, s'acquittant dans la perfection de sa besogne.

« Petite, d'apparence chétive, elle a vingt-sept ans. Nature calme et douce, elle soigne ses malades avec beaucoup d'intelligence et sans rien omettre des prescriptions faites; aussi jouit-elle d'une grande autorité et de ma part d'une entière confiance. Vous voyez, mon cher confrère, que cette jeune sœur est bien loin d'être aliénée. Je dirai mieux : sa nature calme, simple

(1) BOISSARIE, *l'Œuvre de Lourdes*, p. XLVI.

et douce, ne la dispose pas le moins du monde à glisser de ce côté...

« Robert Saint-Cyr. »

Dans ce genre d'attaques, on pouvait aller loin puisqu'il n'y a pas de limites à la fantaisie. Mais ne s'est-on pas, cependant, porté à l'extrême en attribuant au miracle de Lourdes « une origine qui n'a rien de surnaturel, ni même d'édifiant : il s'agirait d'une dame dont la chronique cite même le nom, et qui se serait trouvée en rendez-vous galant au fond de la grotte, avec un officier de cavalerie, lorsqu'elle vit approcher la jeune Bernadette. Par une inspiration subite, elle aurait quitté pour un instant son compagnon, serait accourue vers la petite fille pour l'empêcher d'entrer, et aurait joué auprès d'elle le rôle improvisé de l'Immaculée Conception. Les apparitions suivantes s'expliqueraient, ajoute-t-on, par l'hallucination produite chez l'enfant par cette première vision « miraculeuse » qui aurait fait sur son esprit la plus vive impression (1) ».

(1) Grand Dictionnaire universel Larousse, article «Lourdes». — Cet article serait d'ailleurs à reproduire en entier comme chef-d'œuvre de sottise et de mauvaise

Il est regrettable de voir un ouvrage aussi répandu et aussi considérable, sinon considéré, que la grande *Encyclopédie Larousse* dont ces lignes sont extraites, se faire l'écho complaisant d'« un bruit populaire » qui suscite des réponses non moins décisives que faciles. Celles-ci : Il était impossible à une dame de se montrer dans l'ogive des appari-

foi. La découverte de la source *invisible*, *inconnue* n'y est-elle pas ainsi décrite : « La jeune fille se traînait sur les genoux jusqu'à une *source voisine* et y buvait avidement quelques gorgées d'eau fraîche... » Et ne lit-on pas un peu plus loin : « L'eau de Lourdes put bientôt rivaliser avec celle de la Salette et devenir l'objet d'un assez joli commerce. L'immortelle liqueur de Lourdes, composée par le P. Félisse, devint, au point de vue commercial, une magnifique opération. Cette façon de mettre la religion en bouteille, cette lucrative exploitation des miracles est à coup sûr un des traits les plus piquants et les plus caractéristiques de la dévotion moderne, qui n'a plus rien à envier aux pratiques les plus grossières et les plus abrutissantes du paganisme »... Après cela, l'illustre dictionnaire ne pouvait manquer d'ajouter — on s'en doutait — : « Quant à la jeune hallucinée, sur la foi de laquelle repose la véracité du soi-disant miracle de Lourdes, elle est enfermée dans le couvent des Ursulines de Nevers. » Cela se passe de réponse, n'est-ce pas ?

tions, sans s'être auparavant traînée « à plat ventre » (1) dans l'étroit boyau qui y accède, exercice difficile pour une dame en robe blanche (2).

Il était en outre impossible de parvenir sans échelle, à l'ouverture de la grotte qui s'ouvre inaccessible à plusieurs mètres du sol. Comment donc la dame surprise y eût-elle atteint ? Puis comment Toinette et Jeanne Abadie, qui ramassaient des os dans la grotte juste avant l'apparition et y revinrent comme elle finissait, n'eussent-elles pas aperçu la dame en question et son compagnon ? La grotte, en effet, n'est pas sombre, elle n'offre aucune cachette et elle se pénètre tout entière d'un coup d'œil (3).

Enfin Bernadette elle-même, qui s'y rendit aussitôt sa vision finie, y eût aussi trouvé, forcément, le couple caché, car l'on pense bien qu'elle examina les rochers.

(1) Bertrin, *N.-D. de Lourdes*, p. 424.

(2) A-t-on songé aussi à l'invraisemblance de cette dame « en rendez-vous » au cœur de l'hiver avec une robe blanche, une ceinture bleue et les pieds nus.

(3) Elles les eussent vus d'autant plus certainement qu'elles cherchaient ce qui avait frappé Bernadette. « Qu'as-tu vu ? » disaient-elles.

Et les dix-sept autres fois, que Bernadette eût-elle vu à la place de la dame ? Autant d'impossibilités, on le voit, à cette pure légende.

Mais le Dictionnaire Larousse dit plus encore, il dit qu'on a même cité le nom de la dame ! Et c'est vrai. Pour donner à l'aventure un cachet de vraisemblance, on n'a pas reculé devant cette dernière invention. Seulement le malheur de ceux qui inventèrent cette histoire veut que la dame en question, Mme P..., ait eu, à la date du 11 février 1858, un alibi très authentique et bien forcé. Elle venait, trois jours avant, de mettre au monde une fille, comme en fait foi l'acte de naissance de l'enfant en date du 8 février portant le n° 13 du registre de Lourdes. Elle ne pouvait donc, la malheureuse, être au rendez-vous galant avec qui que ce fût, à la grotte ou ailleurs, ce jour-là (1) !

(1) Pour tous les détails de cette histoire, voir BERTRIN, *N.-D. de Lourdes*, pp. 423 et suivantes. Lecoffre, Paris. S'apercervant qu'ils avaient fait fausse route, les inventeurs de ce roman changèrent la dame dont il a été parlé contre « la femme de l'horloger » de Lourdes. Leur malheur persistant voulut qu'il n'y eut pas encore d'horloger à cette époque dans la petite ville. C'était jouer de malchance, aussi se tinrent-ils cois désormais.

## II. — Les théories explicatives.

Justice faite de ces calomnies — les principales, et dont les autres ne furent que la menue monnaie — nous voici en face des théories qui veulent expliquer les apparitions par la *suggestion*, *l'illusion* et *l'hallucination*.

*
* *

A. — *Suggestionnée*, c'est-à-dire soumise à la persuasion qu'elle verrait la Vierge apparaître — Bernadette put-elle l'être ? — Non ! — Et pourquoi ? — C'est que, s'il faut d'abord à la suggestion pour se développer un sujet propice dont Bernadette n'offre pas le caractère nécessaire, il lui faut aussi, pour s'exercer, un suggestionneur, un suggestionneur habile et exercé qui manque ici absolument. Qui eût-il été en effet ? Ni sa nourrice, ni ses parents, ni les sœurs, ni le curé, tous sceptiques, tous opposés aux apparitions. Aucun d'eux d'ailleurs n'eût pu, même l'eût-il voulu, suggestionner ; car on ne s'improvise pas ainsi suggestionneur (1). Or, c'étaient là toutes les connaissances

(1) Il suffit de constater les échecs ou même d'entendre les aveux des grands maîtres de la suggestion pour

de la voyante. La pauvre fillette, confinée entre la bergerie de Bartrès d'abord, puis le cachot et finalement l'école, n'eut de par le monde aucune autre fréquentation. Donc aucune suggestion extérieure n'a pu s'exercer sur elle.

*
* *

B. — Mais suggestionnée par elle-même, auto-suggestionnée comme on dit, ou hallucinée — car l'hallucination est cette forme précise de l'auto-suggestion qu'on lui impute — le fût-

s'en rendre compte. Pour réussir dans la suggestion, il faut, de leur avis unanime, savoir la théorie et avoir la pratique. Encore « aucun procédé ne réussit-il toujours », avoue Bernheim, le chef de l'Ecole de Nancy. C'est reconnaître que la suggestion use de procédés; mais elle exige en outre, beaucoup de doigté, elle est un art. « La suggestion, dit encore Bernheim, doit être adaptée à chaque individualité. » Ce mot en indique les difficultés. Voilà pourquoi, dit Guinier, « la psychothérapie reste jusqu'ici le monopole de quelques rares initiés ». Comment donc l'entourage inexpert de Bernadette eût-il pu provoquer chez l'enfant ces étonnantes suggestions?

Enfin il est à peine besoin de faire observer que tels phénomènes des apparitions : — découverte de la source, prédictions réalisées — échappent à toute espèce de suggestion. BERNHEIM, *De la suggestion*, 278 et suiv. Docteur GUINIER, *Études du 3 décembre* 1909, p. 578.

elle ? C'est ce qu'il importe d'étudier soigneusement.

Et d'abord sans recourir à l'hallucination proprement dite qui est une erreur du cerveau, Bernadette n'aurait-elle pas été le jouet d'une erreur des sens, d'une simple *illusion* ?

Les médecins qui, par l'ordre du préfet, l'examinèrent pour la faire interner le prétendirent.

« Rien ne démontre, disaient-ils, que Bernadette ait voulu en imposer au public. Cette enfant est d'une nature impressionnable, elle *a pu* être victime d'une hallucination, un reflet de lumière *a sans doute* frappé son attention du côté de la grotte ; son imagination, sous l'influence d'une prédisposition morale, lui a donné une forme qui frappe les enfants, celle de ces statues de la Vierge que l'on voit sur les autels.

... On crie au prodige, à l'apparition de la Vierge. Le moral de la jeune enfant *ne doit-il* pas en être affecté de plus en plus et son exaltation arriver au comble (1). »

Remarquons d'abord le don dubitatif de nos gens de science. Leur diagnostic tout échafaudé

(1) P. Cros, *N.-D. de Lourdes*, p. 157.

de « sans doute » et de « peut-être », n'est pas une affirmation, mais une hypothèse. Et, qui pis est, une hypothèse gratuite, car elle repose sur des suppositions inexactes, voire même sur des impossibilités matérielles. En effet, extraites de l'enveloppe des mots, les allégations de nos médecins reviennent au juste à ceci : Bernadette a cru voir « un reflet sur la Grotte ; » — elle était « sous l'influence d'une prédisposition morale » qui inclinait son esprit à l'hallucination — elle a donné à ce reflet « la forme de ces statues de Vierge que l'on voit sur les autels ; » — sous l'influence d'une « exaltation arrivée au comble », cette illusion première a été suivie par une série de dix-sept hallucinations.

Ces prétentions, d'un mot, il est facile de les mettre à néant, toutes, en opposant à la supposition primordiale d'un reflet de lumière frappant la Grotte, une négation catégorique. Non, Bernadette n'a pu y voir aucun reflet de lumière et pour deux raisons décisives. D'abord, parce que, lors de la première apparition, le 11 février 1858, l'atmosphère était grise, le ciel couvert, privé de tout rayon de soleil.

De plus, parce que la Grotte étant exposée au plein nord, et creusée sous le flanc de la colline, aucun rayon, même dans les plus longs jours d'été et à quelque heure que ce soit, ne parvient à l'effleurer. Ses rochers sombres restent en toute saison plongés dans une ombre perpétuelle. Personne n'a jamais pu voir, personne ne pourra jamais voir de reflet de lumière posé là. La constatation est facile à faire et l'objection est sans réplique.

Il nous serait donc loisible d'abandonner l'hypothèse des trois médecins, désormais ruinée par sa base, effondrée; mais l'étude de l'hallucination se chargera d'en disperser les fragments en montrant que Bernadette n'avait jamais vu ailleurs le type de la Dame ; que son esprit n'était nullement, lors de la première apparition, enclin à l'hallucination ; et qu'elle ne fut à aucun moment de sa vie une exaltée (1).

Est-il utile d'ajouter que le jugement de la faculté se trouva faux jusque dans ses conclusions.

« Il est vraisemblable, disait en effet le rapport, que lorsque Bernadette ne sera plus harcelée par la foule, qu'on ne lui demandera plus de prières, qu'elle aura repris ses habitudes ordi-

(1) Voir pp. 269, 270, 265, 259.

naires, elle cessera de songer à la Grotte et aux choses merveilleuses qu'elle raconte (1). »

L'avenir s'est chargé de démentir ces paroles, la vie entière de Bernadette n'a été que le souvenir des apparitions (2).

*
* *

C. — L'objection de l'illusion écartée, reste la

(1) P. Cros, *N.-D. de Lourdes*, p. 158.

(2) La vie de ces médecins s'est chargée aussi de démentir leur jugement. L'un d'eux écrivait plus tard de Bernadette : « Nous étions déconcertés en considérant non pas une de ces visions, mais leur continuité. Ce qui nous rendait encore peu acceptable l'hypothèse de l'hallucination, c'était la variété et tout ensemble l'unité des phénomènes qui se produisaient dans les diverses apparitions. Nous ne comprenions pas davantage pourquoi le même sujet, dans les mêmes circonstances, avait été deux fois impuissant à voir ce qu'il avait vu d'autres fois. » (P. Cros, *N.-D. de Lourdes*, p. 158.)

Aveu significatif! et cependant ils n'hésitèrent pas à échafauder l'hypothèse du reflet et de l'hallucination, tant était invincible en eux le scepticisme aux apparitions.

Qu'il leur soit pardonné, car la vérité se fit jour enfin dans leur esprit et l'auteur des lignes précédentes, le docteur Balencie, a même passé quinze ans de sa vie à signer à Lourdes des certificats de guérisons miraculeuses. N'est-ce pas la meilleure réponse à l'hypothèse qu'il avait, dans un moment d'aberration, soutenue.

dernière hypothèse, la plus délicate, il est vrai : celle de l'*hallucination*.

Pour séduisante qu'elle paraisse à première vue, cette hypothèse cesse d'être acceptable dès qu'on pénètre le mécanisme de l'hallucination et le caractère des apparitions.

De l'étude simultanée de ces deux phénomènes, il résulte en effet clairement :

*Et que Bernadette n'offrit à aucun moment, ni avant, ni pendant, ni après ses visions, le caractère d'une hallucinée ;*

*Et que les circonstances de ses visions sont entièrement différentes de celles qui préparent l'éclosion des hallucinations ordinaires ;*

*Et que les apparitions manquent de tous les symptômes essentiels de l'hallucination, tandis qu'on leur trouve, par contre, une foule de traits incompatibles avec cet état maladif ;*

*Et qu'enfin les résultats mêmes des apparitions sortent des possibilités de l'hallucination.*

1° Tout d'abord Bernadette présente-t-elle le caractère d'une hallucinée, est-elle un sujet ? Car il faut être un sujet. Les hallucinées des hôpitaux, chez lesquelles on parvient à susciter des visions qui n'ont rien de comparable à celles de Massabielle, sont en effet des natures spéciales, d'une nervosité particulière aussi bien qu'excessive, des sensitives préparées, développées, « entraînées » dans ce but, des déséquilibrées en un mot, et des femmes d'ailleurs, presque jamais des enfants (1). Quelle différence avec la petite pastoure de Bartrès si saine moralement, si jeune physiquement, au sang tranquille fouetté par l'air des cimes, dépourvue d'imagination et de nerfs, douée d'un tempérament tellement placide qu'on vit un magnétiseur épuiser sur elle tout son fluide, sans parvenir même, ce qui est l'enfance de l'art, à l'endormir (2).

N'offrant pas avant ses visions trace du caractère des hallucinées, Bernadette en aurait-elle présenté par exception, au seul moment des apparitions, la ressemblance compromettante ? Nullement !

(1) « Les hallucinations, dit le docteur Imbert-Goubeyre, ne se produisent pas encore à l'âge de Bernadette, l'enfance en est indemne, et la vie antérieure de la bergère au milieu des champs n'était pas favorable à leur développement. » (IMBERT-GOUBEYRE, *la Stigmatisation et l'Extase divine*, p. 336.)

(2) Voir LASERRE, *N.-D. de Lourdes*, p. 214.

Aucune préparation nerveuse, en effet, aucun trouble moral significatif ne précède ou n'accompagne ses visions. Ces soi-disant hallucinations — qui seraient des souffles de folie — viennent et s'en vont sans ébranler l'équilibre de son organisme, sans même rider le calme de son âme. Ses extases, malgré la violence de leur impression qui ravit la voyante hors d'elle-même, laissent sa personne physique intacte, son être harmonieusement réglé. « Son pouls, dit le docteur Dozous qui l'observa au cours de ces phénomènes, son pouls était tranquille et régulier, sa respiration facile; rien en elle n'indiquait une surexcitation nerveuse. »

Les deux faits sont là, elle est à la fois absolument calme et merveilleusement transfigurée. Cela déjà est surprenant, mais l'équilibre plus remarquable encore de ses facultés mentales corroborant ce fonctionnement normal de son organisme est un indice plus nettement significatif aussi de non-hallucination.

Du moins ces symptômes de l'hallucination que Bernadette ne présente même pas au moment critique des extases, les laissa-t-elle percer plus

(1) BERTRIN, *N.-D de Lourdes*, p. 24.

tard à quelque moment que ce fût ? Jamais! Calme avant les apparitions, calme durant les apparitions, elle demeura ensuite et même dans l'excès des souffrances calme toute sa vie.

Elle n'est donc pas un sujet, une névrosée. Elle n'est pas davantage une exaltée, car elle ne prétend pas voir la Vierge, mais simplement une dame inconnue ou plutôt, comme elle disait naïvement, « une fille ». Bien plus, elle n'est même pas imaginative, car aux conseils de méditation qu'on lui donne elle répond : « Mais je ne sais pas méditer, moi (1) ! »

Jamais non plus, même pendant sa vie de religieuse, elle ne montra aucun penchant au mysticisme. Plus pure de cœur et pieuse d'action que dévote d'esprit, elle demeura toujours un peu, en somme, l'humble petite fille qui ne savait guère que son chapelet (2).

Mais loin d'offrir avec celle d'une hallucinée quelque trait de ressemblance, la physionomie morale de Bernadette s'en distingue au con-

(1) P. Cros, *N.-D. de Lourdes*, p. 212.

(2) « Sa piété parut même très commune pendant plusieurs années », dit sœur Victorine, et ce n'est que plus tard, au couvent, que sa religion s'affina un peu. (P. Cros, *N.-D. de Lourdes*, p. 212.)

traire, nous allons le voir, par des contrastes frappants.

D'abord « un halluciné n'a jamais d'effroi, à moins de délire de persécution, ce qui rend alors la folie évidente (1) ». Bernadette, au contraire, prend peur à la vue de la Dame et veut appeler ses compagnes, la voix lui manque. Sans effroi parce que sans réflexion, les hallucinés ont par contre et presque toujours la répulsion instinctive de leurs fantômes, « ils fuient l'hallucination, ils en sont importunés (2) ». Tout au moins « ils ne se sentent jamais attirés vers l'objet de leurs fausses visions ». — « L'halluciné est sans admiration, sans amour, sans joie, sans douleur (3). »

Quelle opposition avec ce que nous savons de l'attraction qui ramène Bernadette, fidèle, malgré toutes les difficultés, à son rendez-vous, de son émerveillement à chaque apparition, du bonheur qui l'inonde durant l'extase, de la tendre vénération qu'elle porte à la Dame, du chagrin qu'elle éprouve lorsque la Vierge ne paraît pas

(1) Docteur Imbert-Goubeyre, *la Stigmatisation*, p. 333.
(2) *Ibid.*, p. 320.
(3) *Ibid.*, p. 340.

ou simplement lorsqu'elle s'attriste ! Ces vives jouissances comme « cette tristesse et ces larmes n'appartiennent pas à l'hallucination, puisqu'elle a pour caractéristique l'absence d'émotivité légitime (1) ».

Et cette indifférence de l'halluciné, qu'il ne revêt pas seulement au moment de ses crises, mais qu'il traîne après lui dans la vie comme un manteau d'ennui, n'est pas davantage compatible avec la constante jeunesse de caractère que Bernadette, en dépit de ses souffrances et de ses maladies, garda jusqu'au bout. « On remarquait en elle, dit en effet l'aumônier des sœurs de Nevers, quelque chose de la légèreté des enfants, on la voyait courir et sauter dans le jardin. Elle était naturellement gaie, et d'une gaieté simple, franche, enfantine (2). » Cette fraîcheur d'âme ne se rencontre point, répétons-le, chez l'halluciné, qui n'est pas seulement un blasé, mais un être frappé de graves déchéances morales. « En fait de vertus héroïques, dit en effet le docteur Imbert-Goubeyre, — et tous les médecins s'accordent à tenir le même langage,

(1) Docteur Imbert-Goubeyre, *la Stigmatisation*, p. 342.

(2) P. Cros, *N.-D. de Lourdes*, p. 324.

— l'halluciné est insubordonné, maussade, égoïste, insensible à tous les liens familiaux (1) », souvent même sujet à de pires défauts, bref c'est un déséquilibré. Est-ce là le portrait de notre petite Bernadette si soumise, si douce, si dévouée. si tendre et si pure.

« Quelle garantie morale, dit Boissarie, n'apporte pas cette vertu poussée à un degré si élevé ? Ces notes exquises ne sont pas l'apanage des natures dégénérées. Chez les hallucinées ou les folles, on n'observe pas cette délicatesse de sentiments qui indique une harmonie parfaite entre tous les ressorts de la vie physique et les facultés de l'âme (2). »

Bref, tandis que l'hallucination est une tare « qui abaisse ou dégrade ses victimes, les visions de Bernadette l'élevèrent et l'ennoblirent (3) ».

Mais l'hallucination n'est pas seulement une tare morale, c'est une maladie, une aliénation mentale réelle, « une véritable folie, folie partielle qui est presque toujours le prélude et l'indice d'une folie générale plus accentuée (4) ».

(1) Docteur Imbert-Goubeyre, *la Stigmatisation*, p. 320.

(2) Boissarie, *l'Œuvre de Lourdes*, p. xxxv.

(3) Bertrin, *N.-D. de Lourdes*, p. 68.

(4) Docteur Imbert, *la Stigmatisation*, p. 352.

Des hallucinations, aussi extraordinaires surtout que celles de Massabieille, devaient conduire leur sujet droit à l'internement. « Si Bernadette avait été hallucinée, dit un médecin, elle serait allée mourir, presque infailliblement, dans une maison d'aliénés (1). »

Ce n'est donc pas sans apparence de raison que le docteur Voisin, croyant Bernadette hallucinée, la prétendit devenue folle. Sa déduction était logique, malheureusement son principe était faux.

Sur le calme permanent et l'équilibre constant des facultés de Bernadette, nous n'avons pas seulement les témoignages de centaines de visiteurs et de témoins, mais celui plus précieux encore des médecins qui l'examinèrent soit pendant les apparitions, comme le docteur Dozous, soit pendant sa vie de religieuse et jusqu'à sa mort, comme le docteur Robert Saint-Cyr. Or, ils nous affirment qu'elle était « d'un calme dont rien n'approche ».

Cette absence de toute nervosité, de toute excitation cérébrale et de toute tare de caractère, aussi bien avant que pendant et après les

(1) Docteur IMBERT-GOUBEYRE, *la Stigmatisation*, p. 352.

apparitions, différencie donc nettement le caractère de Bernadette de celui des hallucinés (1).

2° Mais du moins les circonstances de ses visions ressemblent-elles à celles qui favorisent l'éclosion des fausses visions? C'est juste le contraire. Tout dans la première apparition — qui pourrait, à la rigueur, si elle était illusoire, expliquer les autres, — tout est imprévu, subit, indéterminé. On n'y observe aucun des prodromes habituels de l'hallucination.

Notons d'abord que la voyante vient à Massabieille par hasard, et pour la première fois. Et comment y vient-elle? En promenade, en flânerie, en rêverie au bout de laquelle elle trouvera toute faite l'image de la Dame? Non, mais poussée par une réalité pressante, par une dure besogne, pour amasser un fagot de bois.

(1) On a dit encore de Bernadette qu'elle était « une irrégulière de l'hystérie ». Ce mot n'est habile qu'en apparence. En réalité, il ne fait qu'augmenter la difficulté de l'explication, car l'hystérie seule ne donne pas la clef des visions, il faut y joindre l'hallucination et supposer ainsi la réunion de ces deux états pathologiques chez un sujet qui n'offrit jamais les symptômes ni de l'un ni de l'autre.

« Elle se rendit comme malgré elle au lieu où elle devait connaître les douceurs de l'extase. »

Et quelles sont les autres circonstances de l'apparition ? — Une journée triste, assombrie d'une brume pénétrante, une petite pluie froide : toutes choses qui ramènent l'esprit aux réalités précises.

Bernadette vient encore de discuter prosaïquement avec ses compagnes, de chercher un gué, de jeter des pierres dans le courant pour en faire un pont. Bien plus, lorsqu'elle entend la rumeur du vent, elle est en train d'ôter ses bas. Et lorsqu'elle voit la Dame, elle allait plonger le pied dans cette eau glaciale qui la faisait frissonner d'avance. Franchement, sont-ce là les conditions d'une vision ? Quand on traverse un tel moment d'effort physique, quand l'intelligence, la volonté, l'organisme, l'être entier enfin sont tout occupés de détails aussi astreignants, tout préoccupés d'une lutte aussi matérielle contre les éléments, réunit-on les circonstances propices à la naissance d'une hallucination ? L'imagination est-elle prédisposée à concevoir, à créer de toutes pièces une vision ? Allons donc, l'imagination, loin de pouvoir en tel état enfanter des fantômes illusoires, est, en quelque sorte alors et pour l'instant du moins, annihilée.

3° Mais une nouvelle et plus profonde différence se creuse entre les hallucinations et les visions de Bernadette. Ce ne sont plus cette fois les circonstances habituelles à l'hallucination qui manquent, ce sont ses caractères essentiels qui font défaut.

Remarquons d'abord, en passant, qu'il faudrait, pour expliquer les apparitions, admettre une hallucination simultanée de plusieurs sens, phénomène d'une excessive rareté. Car ce n'est pas seulement un phénomène visuel qui frappe la voyante, c'est aussi un phénomène auditif : la rumeur répétée du vent. Mais ici se dresse l'objection : Bernadette doute de ses oreilles, et pour la convaincre il faut l'inexplicable balancement de l'églantier agité seul, « tandis que rien ne remuait tout autour (1) ». Elle doute aussi de son regard : à la vue de la Dame, elle reste si saisie qu'elle n'en croit littéralement pas ses yeux, qu'elle les frotte, les ferme, les rouvre, pensant

(1) Cros, *N.-D. de Lourdes*, p. 16.

s'être trompée, mais « la Dame était toujours là ».

Elle n'accepte donc pas sans conteste sa perception, ses sens la discutent, sa raison en doute et elle ne se rend à l'évidence que lorsqu'elle a éprouvé l'un par l'autre le témoignage de ses oreilles et de ses yeux, puis soumis les deux au contrôle supérieur de la réflexion.

Cette complicité des sens dans l'erreur, qui serait en soi une anomalie, devient ainsi, grâce au contrôle exercé par la raison, une quasi-impossibilité.

Un halluciné subit, en effet, son illusion sans la contester : on est généralement d'accord sur ce point (1). « Les hallucinés, disent les méde-

(1) Cette règle, ainsi qu'une ou deux des suivantes, souffre, il est vrai, de très rares exceptions. Ainsi l'on a trouvé quelques sujets conscients du caractère illusoire de leur hallucination. Ils la subissaient comme un cauchemar dont on sent l'irréalité. Mais Bernadette ne rentre pas dans cette exception, car elle a *douté*, ce qui est différent de rejeter puisque douter fut pour elle analyser et éprouver la valeur de ses sensations. Or, cette réflexion qui l'a affermie dans sa certitude est justement ce qui manque à l'halluciné qui *croit* sa perception juste ou la *voit* fausse, mais ne *doute* pas, n'analyse pas.

On trouve parfois aussi des hallucinations qui laissent un souvenir relativement durable ou précis ou raison-

cins, sont des gens qui ne doutent pas (1). » — « L'halluciné n'est jamais surpris et ne raisonne pas sa surprise (2). » — « Il reste sur l'impulsion première et ne se juge ni ne se contrôle (3). » — « L'absence de doute est une des caractéristiques de l'hallucination. Si l'halluciné pouvait douter, il raisonnerait et serait guéri. Si donc Bernadette a douté, c'est qu'elle n'était pas hallucinée (4). » Or, elle a douté, cela est certain (5), et c'est là un signe de non-hallucination.

nable, ce qui pourrait, à première vue, sembler en contradiction avec nos propositions des pages 280, 268 et 276, mais chacun de ces cas constitue une exception très rare en elle-même et de plus isolée, et l'on ne peut raisonnablement invoquer chez Bernadette *l'accumulation de tant d'exceptions*.

D'ailleurs, quand même ces quelques arguments — les moindres — manqueraient, tous les plus importants, ceux tirés des preuves positives, subsistent et suffisent.

(1) Docteur Imbert, *la Stigmatisation*, p. 340.

(2) *Ibid.*, p. 333.

(3) Bertrin, *N.-D. de Lourdes*, p. 62.

(4) Docteur Imbert, *la Stigmatisation*, p. 334.

(5) Elle a douté et du fait même de la vision puisqu'elle n'en crut ni ses oreilles d'abord, ni ses yeux ensuite et du sens de la vision puisqu'elle n'en comprenait pas la portée, qu'elle emportait de l'eau bénite pour la chasser, etc. « Cet étonnement raisonné ne laisse pas de place à l'hallucination. » Docteur Imbert, *la Stigmatisation*, p.

D'autres dissemblances élargissent encore l'abîme entre les apparitions et les hallucinations. C'est d'abord l'étonnante précision de l'image dépeinte par Bernadette, « l'exactitude minutieuse de ses détails », caractère opposé à l'indécision ordinaire des formes perçues par l'halluciné. En effet, « vague, vaporeux, indécis dans ses contours, le fantôme des visionnaires a une teinte qui lui est propre, constituée par une sorte de lueur qui semble venir de son fond et qui l'éclaire d'une façon à peu près uniforme. Sa surface n'offre aucune résistance aux rayons de la lumière réelle qui le dissipent souvent lorsqu'ils semblent le toucher; s'il persiste malgré le jour, il se laisse traverser comme une gaze, ou du moins l'onde lumineuse ne saurait le frapper de façon à produire ces accidents de clarté, d'ombre et de couleurs, que nous remarquons sur les objets réels (1). »

Au lieu de cela, nous avons vu « la forme transcendante de l'Apparition surgir du premier coup dans une mise au point parfaite et définitive, impossible à l'hallucination ».

En effet, ce n'est pas un vague fantôme que

(1) P. DE BONNIOT, *le Miracle et les Sciences médicales*, p. 58.

perçoit Bernadette, mais une Dame qui lui sourit et lui fait signe, une Dame petite, blonde, « très jeune », « montrant à peine ses cheveux sous le voile », vêtue d'une longue robe blanche plissée « fermant très haut, autour du cou, par une coulisse d'où pend un cordon blanc (1) », et tombant jusqu'aux pieds nus fleuris de roses d'or. Sa taille est serrée d'une large ceinture bleue « avec bouts pendant jusqu'aux pieds (2) ». Elle porte un chapelet d'un or différent de l'or terrestre avec « des grains blancs, gros et très éloignés les uns des autres (3) ». Ces détails tous remarqués du premier coup, dès la première apparition, et révélés aussitôt, dénotent une clarté d'observation, une puissance d'analyse dont la raison saine est seule capable, mais dont l'hallucination ne fait pas preuve.

« Dans l'hallucination, dit Boissarie, l'imagination n'a pas cette précision, cette sûreté de conception; ce sont des formes vaporeuses et changeantes. Ici, dès la première apparition, c'est un type parfait, immuable (4). »

(1) P. Cros, *N.-D. de Lourdes*, p. 17.

(2) *Ibid.*, p. 17.

(3) *Ibid.*, p. 17.

(4) Boissarie, *l'Œuvre de Lourdes*, p. xxxviii.

Ces seules remarques sur la première apparition nous semblent donc motiver déjà pleinement ce jugement d'un médecin qui les résume : « Dans cette première apparition de la Vierge à Bernadette on ne peut pas trouver un seul instant, avant, pendant et après où la jeune fille ait été hallucinée. Consultez là-dessus un médecin aliéniste : il vous dira, après avoir pesé toutes les circonstances, que le vent impétueux, le ravissement de l'enfant à la vue de la Dame merveilleuse, son hésitation à faire le signe de la croix, le doute qui s'est élevé dans son esprit sur la réalité de l'apparition, la demande faite à ses compagnes si elles n'ont rien vu, la description si détaillée qu'elle a donnée de la Dame, toutes ses émotions jusqu'au désir de la revoir sont — réunies — des preuves certaines de non-hallucination (1). »

Et si l'on analyse non plus seulement la première apparition, mais toutes les suivantes, une foule d'autres différences s'avèrent qui séparent à jamais ces phénomènes des hallucinations. Ainsi, dans l'unité constante de type qu'offre la Dame des apparitions, se révèle une remar-

(1) Docteur Imbert, *la Stigmatisation*, p. 335.

quable diversité de mouvements et d'actions, tandis que le fantôme ou les fantômes de l'halluciné — il voit souvent plusieurs personnages se fondre l'un dans l'autre — ces fantômes, dis-je, ne sont jamais qu'un cliché ou une série de clichés invariables. « Ils sont ce qu'ils sont : aucune force, aucune adresse ne saurait les modifier, y ajouter ou en retrancher quelque chose (1). »

« Cette invariabilité dans le récit — et par conséquent dans l'image — caractère fondamental de toute hallucination », est-il besoin de préciser en quel désaccord elle se trouve avec la diversité remarquée des apparitions dont chacune amène des scènes nouvelles, changeantes, vécues, et, pour tout dire, véritables. C'est bien toujours en effet la même Dame qui apparaît à Bernadette, mais non pas figée dans une pose unique ou dans la même succession d'attitudes. Selon les jours, selon les moments, Bernadette la voit sourire ou s'attrister, rayonner ou pleurer, avancer ou reculer dans l'ogive, descendre dans la Grotte, faire des gestes, se mouvoir, vivre enfin.

(1) P. DE BONNIOT, *le Miracle et les Sciences médicales*, p. 60.

Et non seulement elle la voit, mais elle l'entend lui tenir des discours journellement variés. Nouvelle et très importante différence avec l'hallucination, car les récits des visionnaires « ne sont qu'une répétition incessante de quelques mots, toujours les mêmes, d'injures, de compliments, de conseils, d'accusations (1) ».

Mais cette diversité dans la régularité et cette unité dans la progression — symptômes certains de réalité et de vie — ne se remarquent pas seulement dans l'objet des visions de Massabielle, on les observe également chez le sujet : Bernadette, même placée dans des conditions les plus variées, voit de même et sans peine. Tel n'est pas le cas des hallucinés. Leurs visions exige la réunion de certaines conditions indispensables, déterminées, en dehors desquelles elles avortent.

Que les visions de Bernadette naissent ainsi sans conditions fixes, rien de plus certain. Dira-t-on, en effet, qu'il faille pour les produire l'ambiance de la foule ? Mais la première fois la voyante est seule. Dira-t-on qu'il lui faille au

(1) P. DE BONNIOT, *le Miracle et les Sciences médicales*, p. 59.

contraire la solitude ? Mais elle voit même entourée de vingt mille personnes. Dira-t-on qu'une certaine attente préparatoire ou l'excitation des prières lui sont nécessaires ? Mais deux fois — le 11 février et le 25 mars — la voyante trouve à son arrivée la vision déjà présente et qui l'attend.

Elle voit en toutes saisons, par tous les temps, à toutes les heures, aussi bien en l'aube grise d'hiver — presque dans la nuit — qu'en plein midi, et dans le cours de la journée, et au crépuscule tombant.

Elle voit à cette place-ci, comme à celle-là debout, à genoux, en marchant, de près, de loin, et même de l'autre côté du Gave, par-dessus les barrières.

Elle voit donc dans les circonstances les plus diverses, grande différence avec l'hallucinée, mais, différence plus frappante encore, elle ne voit pas nécessairement. Au lieu que chez la visionnaire, par la réunion de telles et telles conditions, l'hallucination doit fatalement, doit mécaniquement en quelque sorte se produire, chez Bernadette rien de tel. Par deux fois la Dame, malgré cette réunion des circonstances habituelles, ne paraît pas. Bien plus, elle manque le 22 février, jour ou une force invisible vient d'arrêter la voyante sur le chemin de l'école, pour la pousser irrésistiblement vers la Grotte.

Pourtant, il faut avouer que, si l'enfant obéit à de l'auto-suggestion, si ses visions sont hallucinatoires, jamais elle ne fut plus apte à voir qu'en ce moment où elle se croit appelée ; jamais elle n'a été mieux préparée que par l'adjuvant de cette extraordinaire impulsion. Et cependant elle a beau attendre, elle ne voit pas, elle ne peut pas voir. Une autre fois encore, à la fin des apparitions, alors que l'hallucination aurait dû, par la force de l'habitude jointe aux conditions coutumières, devenir chez un sujet plus nécessaire et l'on oserait presque dire plus fatale encore, la Dame fait défaut.

Puis, au contraire, la quinzaine terminée depuis longtemps, alors que la voyante a presque perdu l'espoir, elle la revoit. Mais elle ne la revoit, quoiqu'elle retourne toujours fidèlement à son poste, qu'à intervalles inégaux, à dates espacées : le 4 mars, le 25 mars, le 16 juillet. Et la dernière fois, bien que la Dame se soit retirée comme d'ordinaire, sans adieux, bien que

Bernadette soit revenue souvent l'attendre, elle ne la revit plus jamais... C'était fini !

Cette enfant n'a donc pas le pouvoir « d'évoquer à son gré les visions de la Grotte (1) ». L'apparition reste indépendante de la préparation, de l'attente, de l'imagination, de la personne en un mot de la voyante. Or, il faut le redire : « ce n'est pas ainsi que l'hallucination procède, elle a quelque chose de fatal, on ne trouve jamais dans ses manifestations cette indépendance absolue à l'égard des conditions qui la font naître (2) ».

Mais un nouveau contraste avec l'hallucination s'atteste et dans la régularité de formes que présente l'image de la Dame, et dans l'ordre qui règne dans le plan des apparitions. « L'halluciné, en effet, manque de mesure, il est dans le désordre (3). » Que les hallucinations manifestent ce caractère d'irrégularité, de bizarrerie, rien n'est plus compréhensible si l'on songe qu'elles sont le fruit d'une imagination déréglée. Elles présentent donc, presque fatalement et de par leur nature, l'inconsistance

(1) Docteur BOISSARIE, *l'Œuvre de Lourdes*, p. XXVIII.

(2) BERTRIN, *N.-D. de Lourdes*, p. 60.

(3) Docteur IMBERT, *la Stigmatisation*, p. 366.

d'un rêve, l'extravagance d'un cauchemar où l'imagination, affranchie du contrôle de la raison, vagabonde.

L'uniformité manque dans leur tissu. Elles sont faites de pièces disparates. Oui, en réalité elles ne « sont que des lambeaux d'images empruntés à la mémoire sensible, puis rapprochés tant bien que mal, de façon à former un tout presque toujours sans analogue dans la nature ni même dans le monde des choses possibles. (1) »

On les a appelées « la caricature de la réalité (2) » justement parce qu'elles se signalent par des « grimaces. » Bref l'air qu'elles jouent se reconnaît facilement à ses fausses notes.

En fouillant ce caractère de désordre, apparaissent plus nettement « divers traits qui empêchent de confondre l'hallucination avec la sen-

(1) P. de Bonniot, p. 60.

(2) P. de Bonniot, *le Miracle et les Sciences médicales*, p. 18. Le docteur Imbert ajoute. « Les hallucinés religieux ont aussi soi-disant des apparitions de Notre-Seigneur, de la sainte Vierge et des saints. Mais combien le récit qu'ils font de leurs visions excite le rire et la pitié. Si Bernadette eût été hallucinée, elle n'eût pu faire que des récits pleins d'extravagance, conséquence forcée de l'hallucination, c'est-à-dire de la folie. » (Imbert, p. 351.)

sation : l'objet fantastique se présente toujours avec un ou plusieurs défauts qui l'excluent de l'existence... La nature est toujours offensée par quelque côté (1) ». D'abord « les formes sont incomplètes ou exagérées ». Puis « les dimensions sont rarement vraies (2) ». Plus rarement encore elles sont proportionnées à leur cadre : « Le fantôme s'établit en des lieux qui n'ont pas de proportions avec ses dimensions apparentes (3). »

La vision de Massabielle présente au contraire tous les éléments de la réalité, et même dans la réalité d'un pur chef-d'œuvre. Non seulement ses proportions sont sauvegardées et en elles-mêmes et par rapport à leur cadre; mais ses formes sont à la fois simples, précises et parfaites.

Nouvelles différences : dans l'hallucination, « quand on veut s'approcher du fantôme, il s'éloigne (4) ». Bernadette, au contraire, ap-

(1) P. de Bonniot, *le Miracle et les Sciences médicales*, p. 58.

(2) P. de Bonniot, *le Miracle et les Sciences médicales*, p. 11.

(3) P. de Bonniot, *le Miracle et les Sciences médicales*, p. 59.

(4) P. de Bonniot, *le Miracle*, p. 59.

proche la Dame jusqu'à lui présenterune écritoire et la toucherait, n'était son respect (1).

Puis « détourne-t-on la tête, ferme-t-on les yeux, on ne peut éviter la vue du fantôme : il est toujours dans le champ de la vision » et cela pour la bonne raison qu'il est toujours dans le champ de l'imagination qui le projette dans la vision. Ainsi, fermer les yeux, loin de le dissiper, l'emprisonne plutôt sous les paupières, car « il préfère l'obscurité ».

Bernadette, au contraire, quand le meunier Nicolau lui baisse la tête, on lui couvre le visage de son béret, ne voit plus rien, mais dès qu'on rouvre le champ de sa vision où se tient réellement la dame, elle la revoit. Preuve que l'image est bien objective, bien indépendante de son imagination.

Enfin, tandis que dans l'hallucination « toute l'activité du sujet est suspendue, anéantie, sauf

(1) Détail curieux : tandis qu'elle cause avec la Vierge dans la Grotte, elle voit fort bien Anne-Marie Vedère s'approcher de la Dame et si près qu'elle aurait pu la toucher, dit-elle, en étendant la main. Cette confrontation d'une personne réelle en chair et en os vis-à-vis d'un fantôme hallucinatoire n'aurait-elle pas dû vraisemblablement faire évanouir ce dernier ?

sur un seul point (1) », celui de la vision, tandis que toutes les forces de son être convergent là, qu'il ne vit plus que dans son rêve et qu'il n'est plus qu'un automate, Bernadette, elle, tout en présentant les merveilleux phénomènes extatiques que nous savons, reste indépendante de sa vision, se dédouble, agit pour son propre compte et se contrôle : elle jette de l'eau bénite à la Vierge, répond à ses compagnes, s'adresse aux assistants pour leur crier : « Pénitence » ou leur faire signe de s'humilier, tend son cierge à rallumer quand le vent l'éteint, baise la terre, monte vers la Grotte sur ses genoux, descend, par un acte de réflexion et de volonté personnelle, vers le Gave quand la Dame lui dit d'aller à la source, se retourne, hésite, gratte la terre, rejette l'eau trois fois parce qu'elle est boueuse, en boit enfin. Son activité n'est donc pas anéantie, ni sa volonté faussée comme celle d'une hallucinée.

Mais voici que dans les conséquences des apparitions surgissent des oppositions nouvelles et plus étonnantes encore. Au contraire des hallucinées qui, en s'éveillant, oublient leur rêve

(1) Bertrin, *N.-D. de Lourdes*, p. 62.

qui n'est qu'un rêve ou du moins n'en conservent qu'un souvenir vague et flottant, Bernadette garde de ses visions et de chacune d'elles le souvenir le plus distinct (1) ; non seulement le souvenir de l'impression ressentie, mais le souvenir des mots entendus, de la physionomie de la Dame, de ses gestes, de ses attitudes successives, des détails de son costume, et un souvenir si durable, si vivant, si précis, qu'elle disait vingt ans après en évoquant la radieuse figure : « Si je savais peindre (2) ! »

(1) « Il est inouï, dit le docteur Imbert-Gonbeyre, qu'un halluciné, s'il guérit, puisse faire le récit de ses visions d'autrefois, lui qui en a perdu la mémoire, comme on perd le souvenir d'un rêve depuis longtemps passé. »

(2) Particularité remarquable et qui montre que la vision échappait non seulement à l'hallucination, mais à la réalité des choses terrestres : Bernadette, pour la dépeindre, écarta toujours, d'instinct, tout point de ressemblance humaine aussi bien dans le type que dans le vêtement. Jamais elle n'a retrouvé la couleur de la robe ni de la ceinture. « Jamais elle n'a pris ses points de comparaison parmi les personnes ou les choses qui frappaient chaque jour ses regards. La Vierge avait toutes les apparences et toutes les formes humaines, mais elle restait toujours un idéal plus parfait, plus pur que tous les modèles qu'elle voyait autour d'elle. » (Boissarie, *l'Œuvre de Lourdes*. p. xl).

Bien plus, « tandis que les hallucinations troublent et blessent l'esprit des hallucinées (1) », qu'elles n'en parlent, même les sujets les plus remarquables, que d'une façon bizarre, confuse, illogique, déraisonnable, l'ignorante petite voyante de Lourdes juge ses visions d'une manière parfaitement saine et sensée. Elle puise même en leur souvenir une clarté d'intelligence et une force de volonté qui ne lui sont pas pour le reste coutumières. Dès qu'on attaque les apparitions, son humble esprit s'illumine en effet et sa faible intelligence est décuplée. Elle dépeint, discute, argumente d'une façon si simple mais si merveilleusement convaincante qu'elle réduit tous ses adversaires, hommes de science et hommes de loi, au silence.

Un rêve ne laisse pas de tels souvenirs ni de telles clartés.

Il ne laisse pas davantage des émotions comparables à celles que conserva Bernadette.

Au lieu du souvenir pénible, de l'impression de tristesse et de découragement habituelle aux hallucinés, bref d'un mauvais goût dans l'âme, ses visions à elle ne lui laissèrent qu'une cer-

(1) Bertrin, *N.-D. de Lourdes*, p. 69.

titude, qu'une paix, qu'une joie qui transfigurèrent sa vie. Le souvenir des apparitions ne fut pas celui d'un opprimant cauchemar, mais celui d'une divine réalité qu'elle avait hâte de reprendre au ciel.

Mais plus encore que la gêne intime, l'hallucinée ressent la honte de l'aveu : elle ne veut pas parler de ses visions. Or, Bernadette, si elle éprouva à la longue une certaine répugnance née de la fatigue à déflorer pour la millième fois, devant des indiscrets et des curieux, le charme de ses visions, les narra volontiers au début et s'exécuta toujours ensuite, sans murmurer, quand on l'en pria. Et c'est avec une profonde émotion qu'interrogée par ses intimes elle évoqua souvent devant eux les apparitions.

« Singulière hallucinée, a donc pu dire un spécialiste, que cette jeune fille racontant à tout le monde au sortir des apparitions ce que lui avait dit la mère de Dieu, tandis que les véritables hallucinées gardent secrètes toutes leurs visions et rougissent même de les communiquer (1). »

Par un étrange retour qu'explique leur dé-

(1) Docteur Imbert, *la Stigmatisation*, p. 351.

séquilibre moral, les hallucinés, tandis qu'ils n'osent pas avouer leurs visions, se laissent au contraire arracher tous leurs secrets. C'est pourquoi les secrets confiés à Bernadette sont une autre preuve de non-hallucination. « Car s'il est vrai que les hallucinées ont souvent des secrets, ces secrets ils doivent toujours les communiquer. Bernadette a eu trois secrets, ils étaient incommunicables, elle ne les a pas révélés (1). »

Enfin, tandis que l'halluciné s'irrite si l'on n'attache pas foi à ses paroles, Bernadette, elle, ne s'émeut pas du scepticisme de ses visiteurs. Sa propre certitude lui suffit, elle est heureuse de la voir partagée, mais elle ne prétend jamais l'imposer aux autres.

Bien d'autres détails encore pourraient différencier, aux yeux de l'analyste qui prendrait soin de les relever tous, les phénomènes de Massabielle de fausses visions. En voici deux seulement qui constituent dans l'hypothèse de l'hallucination des objections, croyons-nous, sans réponse.

(1) Docteur Imbert, *la Stigmatisation*, p. 344.

La fermeté de Bernadette était sur ce point inébranlable. « Si le Pape te les demandait, lui disait-on, les dirais-tu ? » — Elle répondait : « Le Pape, c'est quelqu'un, et la Dame m'a dit *à personne.* »

Pourquoi Bernadette, après la première apparition, aurait-elle trouvé tiède l'eau du Gave? On ne peut invoquer l'hallucination qui aurait pris fin, puisque la voyante venait de causer avec ses compagnes. Et d'autre part, sa sensation ne fut nullement imaginaire : ses compagnes surprises lui touchèrent les pieds au sortir de ce bain glacial, et « ils étaient chauds (1) ».

Comment expliquer encore l'extraordinaire course de l'enfant dans la pente abrupte de Massabielle avant ses visions ? Quelle force pouvait ainsi soustraire la voyante aux conditions ordinaires de l'équilibre ?

Ces phénomènes, l'hallucination — non commencée encore ou terminée déjà — ne pourrait les expliquer ; il faut autre chose. Or l'hallucination était l'argument suprême.

Mais à quoi bon insister davantage. La réunion de tant de preuves, dont quelques-unes sans doute auraient suffi, ne forme-t-elle pas un faisceau irréductible.

La conclusion suivante du docteur Imbert, si tranchante qu'elle soit, se trouve donc vrai-

(1) BARBET, *Bernadette Soubirous*, p. 28. Jeanne Abadie nous a confirmé ce détail.

ment justifiée : « Il est démontré, dit-il, de par l'hallucination même, telle que nous la connaissons scientifiquement, que Bernadette n'a jamais été hallucinée. Tout médecin qui soutiendrait le contraire serait passible d'ignorance ou de mauvaise foi (1). »

4° Ne pourrait-on dès maintenant s'en tenir là et regarder la question comme jugée ? Nous le croyons, mais ce serait perdre les arguments les plus précieux, ceux qu'offrent les résultats mêmes des apparitions.

En effet, ce ne sont plus cette fois des divergences de caractère que l'on constate entre la voyante et l'hallucinée ou des oppositions de nature entre les vraies visions et les fausses, ce sont les œuvres même de Lourdes qui ne rentrent plus dans le cadre de l'hallucination et qui le brisent, qui sortent en un mot de ses possibilités.

« L'halluciné, dit le docteur Imbert-Goubeyre, est un individu qui projette son idée fausse au dehors, qui l'extériorise sans pouvoir lui donner un corps quelconque (2) » dans la réalité.

(1) Docteur Imbert, *la Stigmatisation*, p. 353.

(2) *Ibid.*, p. 321.

Son rêve inconsistant, même presque toujours extravagant, n'a aucune correspondance dans le monde des choses réelles. « L'extatique, au contraire, révèle son for intérieur non seulement par des paroles sensées, mais par des phénomènes extraordinaires visibles (1). » Il fait véritablement prendre corps aux phénomènes qu'il évoque.

C'est bien dire que l'hallucination ne saurait être qu'une rêverie creuse, une imagination vaine, un phénomène stérile, tandis que les visions sont fécondes et fécondes parce que vraies.

Fécondes ? Elles le furent à Lourdes où la voyante créa dans la réalité — ce que n'a jamais fait une hallucinée — des formes et des œuvres non seulement raisonnables, mais merveilleuses.

L'hallucinée, elle, « ne crée rien, n'invente rien (2) », non, pas même l'image factice qu'elle extériorise et qui n'est jamais « qu'un souvenir de sensations déjà perçues », qu'une réminiscence inconsciente de perceptions antérieures sous le rappel impérieux de l'imagina-

(1) Docteur IMBERT, *la Stigmatisation*, p. 321.

(2) BOISSARIE, *l'Œuvre de Lourdes*, p. XXXVII.

tion surexaltée. Cette image même, elle ne la produit pas, en effet, elle la reproduit d'après un modèle déjà vu. Et si, par la juxtaposition ou la combinaison de formes tirées des profondeurs de la mémoire, elle semble créer quelque chose de nouveau et d'original, ce ne sera qu'une forme inachevée ou bizarre ou déraisonnable, bref, signée de cette folie qu'est l'hallucination.

Bernadette, au contraire, crée le type de la Vierge de Massabielle, type ignoré jusqu'alors, inédit, absolument original, type précis en ses moindres détails et non seulement régulier, mais d'une grâce merveilleuse; type dont l'exemple lui inspire des gestes — saluts et signes de croix — d'une telle noblesse que tous les assistants et parmi eux des artistes n'ont jamais rien vu de plus admirable (1), type d'une perfection si

(1) En parlant de la voyante à qui il demandait d'exécuter le geste de l'Immaculée Conception, le sculpteur Fabish écrit : « Non, je n'oublierai jamais tant que je vivrai cette ravissante expression. J'ai bien vu, en Italie et ailleurs, les chefs-d'œuvre des grands maîtres, de ceux qui ont excellé à rendre les élans de l'amour divin et de l'extase; dans aucun d'eux je n'ai trouvé tant de suavité et de ravissement; et chaque fois que j'ai demandé à Bernadette cette pose, toujours la même

achevée que toutes les reproductions tentées lui apparaîtront toujours misérables en comparaison du divin modèle, et distant de lui « comme la terre du ciel ».

Un pareil chef-d'œuvre, s'il dépasse déjà incontestablement les facultés de conception artistique de l'humble et ignorante bergère, même lorsqu'elle se trouve en pleine possession de ses facultés, ne peut à plus forte raison être le produit de son imagination déréglée par l'hallucination.

Il est en effet reconnu qu' « une vision, dont l'objet parfaitement régulier n'a ni type extérieur, ni modèle intérieur préalablement façonné par la raison, ne saurait être une hallucination » (1).

Mais Bernadette fait mieux qu'imaginer des formes, elle crée des événements et des œuvres avec lesquels nous entrons « dans un genre de preuves vraiment supérieur au témoin ». Elle prononce des paroles qui sont véritablement des

expression est venue changer, illuminer, transfigurer cette tête...

(P. Cros, *N.-D. de Lourdes*, pp. 225-226.)

(1) P. de Bonniot, *le Miracle et les Sciences médicales*, p. 103.

prédictions, car elles provoquèrent des faits, car l'avenir se chargea docilement de les réaliser, Or, il est certain que « la représentation sensible et exacte d'un événement imprévu qui s'accomplit hors de la portée des sens, ou qui, dépendant d'une cause libre, ne s'est pas encore accompli ne peut être une hallucination (1) ».

Et tel est le cas. Bernadette s'entend dire, en effet : « Venez ici pendant quinze jours », et elle a quinze apparitions. Jamais halluciné n'a dit chose pareille : « Jamais l'on n'a vu un halluciné limiter à un temps futur le nombre de ses hallucinations. L'halluciné ne prévoit pas, ne prophétise pas (2). » Il croit qu'il verra toujours. Sa vision est un produit fatal de son organisme.

« Vous ne serez pas heureuse dans ce monde », dit encore Bernadette parlant d'elle-même. Et la voilà bientôt accablée de maux physiques, de souffrances bien réelles et nullement nerveuses.

« Allez boire à la Fontaine », ordonne-t-elle ensuite au nom de la Dame, et l'on y boit la guérison. Enfin, n'annonce-t-elle pas, en les suscitant, les pèlerinages : « Je veux qu'on y

(1) P. de Bonniot, *le Miracle et les sciences médicales*.

(2) Docteur Imbert, *la Stigmatisation*, p. 341.

vienne en procession. » — « Ces paroles de la Vierge constituent, en effet, tout un programme prophétique, le programme du pèlerinage de Lourdes si magnifiquement réalisé. Est-il besoin de dire que Bernadette, hallucinée ou non, ne pouvait pas imaginer pareille œuvre (1). »

Mais ce n'est pas seulement par l'annonce de ces résultats imprévus que les visions se différencient de l'hallucination, c'est surtout par leur réalisation même, tellement merveilleuse qu'elle sort réellement des possibilités de l'hallucination.

Car « l'hallucination n'est que la mort, l'immobilité, la stérilité (2) ». C'est un phénomène inutile, sans raison d'être comme sans résultats durables au moins et sérieux. Elle est vide et vaine, c'est une fleur de cendre qui ne produit pas de fruits mais tombe en poussière au contact de la réalité.

Dès lors la stupéfiante fécondité de Lourdes, l'extraordinaire développement de son œuvre apporte, si l'on y réfléchit, un argument d'un autre ordre, il est vrai, que les précédents, un ar-

(1) Docteur Imbert, *la Stigmatisation*, p. 351.

(2) *Ibid.*, p. 320.

gument d'ordre moral, en faveur de la réalité des apparitions.

Mais dans ses extases, Bernadette crée et trouve encore bien d'autres choses que l'hallucination n'explique pas. Des choses inconnues pour elle : la formule ignorée de l'Immaculée Conception, mot d'une incalculable profondeur et qui dépasse de beaucoup les faibles moyens de création d'une petite paysanne bornée (1).

Des choses inconnues pour tous : la source jusqu'alors cachée et qu'elle fit jaillir par l'intuition divine de l'extase.

Or, il est évident que « la représentation sensible et exacte d'un fait d observation jusque-là inconnu ne peut être une hallucination » (2).

Mais il est encore d'autres résultats des appa-

(1) Comment cette ignorante gamine eût-elle pu inventer cette phrase inouïe : « Je suis l'Immaculée Conception » ; faire ainsi, avec une audace géniale et un bonheur rare, un nom propre de la définition même d'une abstraction, d'un dogme. Il lui était réellement impossible de créer ce mot à la fois incorrect, et sublime qui n'a d'équivalent que la parole également incorrecte et sublime du Christ : « Je suis Celui qui suis. »

(2) P. de Bonniot, *le Miracle et les Sciences médicales*, p. 103.

ritions qu'aucune hallucination ne peut et ne saurait jamais produire : tels sont le miracle du cierge que nous allons décrire enfin et les innombrables guérisons de Lourdes, guérisons sans cesse renouvelées depuis cinquante-trois ans, et constantes encore aujourd'hui, preuves qui sont la signature même du ciel, le geste de Dieu visible sur la chair humaine.

Le phénomène du cierge se produisit à la dix-septième apparition. Le docteur Dozous, venu en sceptique pour surveiller la voyante et observer les phénomènes des apparitions, rapporte que Bernadette, dont il tâtait le pouls de temps à autre, durant son extase, abrita instinctivement de la main son cierge du courant d'air qui menaçait de l'éteindre. Sans s'en apercevoir, elle couvrit la flamme de ses doigts à tel point, dit-il, que le feu les traversait. Elle se brûlait, c'était de toute évidence, et fortement, car le cierge était gros (1).

(1) L'évidence du fait fut constatée par tous ceux qui entouraient Bernadette. Une des personnes présentes, Mlle Estrade, s'écria : « Mais enlevez donc le cierge à l'enfant, vous voyez bien qu'elle se brûle. « (ESTRADE, *les Apparitions*, p. 155.) Le docteur Dozous s'interposa pour faire durer le phénomène.

Un autre témoin, l'abbé Joannas, nous rapporte encore

« Cependant, dit le docteur Dozous, la flamme ne me parut produire sur la peau qu'elle atteignait aucune altération. Étonné de ce fait étrange, j'empêchai que personne ne le fît cesser et, prenant ma montre, je pus *durant un quart d'heure* l'observer facilement. »

L'extase terminée, le médecin retint la voyante : « Je lui demandai, dit-il, de me montrer sa main gauche que j'examinai avec le plus grand soin. Je ne trouvai nulle part la moindre trace de brûlure (1). » L'homme de science voulut néanmoins faire sagement la contre-épreuve. Il s'empara du cierge : « Aussitôt, dit-il, je plaçai plusieurs fois de suite la flamme du cierge sous la main gauche de Bernadette qui l'éloigna bien vite, en me disant : « Vous me brûlez ». « Ce fait, ajoute le docteur Dozous, je le rapporte ainsi que je l'ai vu, et que bien

ces détails significatifs : « Les voisins crièrent en patois : « Moun Dieu ! qu'es brulla ! Mon Dieu, elle se brûle ! » « Laissez faire », dit M. Dozous. A la fin de l'extase, le docteur prend la main de l'enfant, et, dit ce témoin, *je le vois encore* passant son coude droit sur cette main (il devait probablement y avoir un peu de fumée) et s'écriant avec force : « Il n'y a rien ! » (*Annuaire de Saint-Pé* de 1909, p. 169.)

(1) BERTRIN, *N.-D. de Lourdes*, p. 73.

des personnes, placées comme moi près de Bernadette, l'ont parfaitement constaté ; je le rapporte tel qu'il s'est produit, sans l'expliquer (1). »

Ce fait scientifiquement constaté par un médecin (et un incrédule) devant toute une foule, ce fait par conséquent indiscutablement réel, peut-il trouver une explication dans l'hallucination ? Non ! Car que l'hallucination rende une chair insensible, cela peut être ; mais incombustible, jamais (2) !

« La nature veut, en effet, que l'épiderme, les tissus, les os même soient attaqués et détruits par la puissance de la flamme, qu'il y ait ou non sensibilité. Un cadavre est insensible, il n'en subit pas moins l'action du feu qui le dévore et le réduit en cendres. » Or, ce qu'il faut remarquer, ce n'est pas l'insensibilité de Bernadette, état qui n'a rien de surprenant dans l'extase, mais l'intégrité de l'épiderme. L'ab-

(1) Bertrin, *N.-D. de Lourdes,* p. 73-74.

(2) Il est en effet certain que la « suppression de l'effet naturel d'un agent physique, au moment même où il agit, ne saurait jamais être l'effet de l'imagination ». (P. de Bonniot, *le Miracle et les Sciences médicales,* p. 103.)

sence de brûlure sur sa main est scientifiquement inexplicable.

Outre ce phénomène, il y a enfin les guérisons, faits réels, constatés, incontestés même et qui ne relèvent non plus d'aucune hallucination possible.

Si Bernadette s'est trompée, si les apparitions furent irréelles, il n'y a pas, il ne peut pas y avoir de guérisons à Lourdes (1). Jamais hallucination n'eut pour résultat des centaines de guérisons diverses, non plus qu'une seule. Or, les guérisons ont été vues, reconnues, analysées, touchées avec des centaines de médecins, par les doigts de la chair et les yeux de la chair et le regard de l'esprit. Les guérisons existent, témoins extérieurs et irrécusables de la réalité des visions, gages éclatants de la manifestation divine, produits directs d'une intervention surnaturelle. Elles existent, preuves certaines que la Vierge s'est manifestée à Bernadette, preuves constantes aussi, ose-t-on ajouter — et c'est là ce qu'il y a d'infiniment consolant,

(1) C'est une loi, en effet, que « la constatation de l'effet naturel d'un agent physique, en l'absence de l'agent qui le produit naturellement, ne procède jamais de l'imagination ». (P. de Bonniot, p. 103.)

— preuves que la Vierge est toujours à Lourdes virtuellement présente, compatissante, guérissante...

. . . . . . . . . . . . . . . . . . .

En somme la petite pastoure de Bartrès — âme candide comme ces arums blancs dont la corolle n'est tournée que vers le ciel — n'a donc pas voulu nous tromper : son esprit était trop naïf et son regard trop pur, l'un et l'autre ne savaient que refléter sans déformer. Elle ne s'est pas non plus trompée elle-même : elle ne fut pas une suggestionnée, une hallucinée, une malade aux tares nerveuses ; son caractère calme, ses nerfs tranquilles et ses sens sains n'eussent pu l'abuser sur des phénomènes aussi précis, aussi fréquents, aussi durables que les dix-huit apparitions. Sa pauvreté d'imagination, sa simplicité, son ignorance n'eussent jamais su créer, puis soutenir envers et contre tous tant de merveilles qui s'accomplirent par elle, mais qui ne venaient pas d'elle.

La source qu'elle fit jaillir sous le regard de la Dame murmure d'ailleurs toujours, par ses flots miraculeux, la réalité d'une manifestation céleste et en multiplie les preuves par d'innombrables guérisons.

La Vierge est donc réellement apparue au zénith de notre siècle de doutes. L'Église le proclame, la raison le démontre et nous le croyons. Oui, la Reine du ciel a choisi pour s'y mirer, sur terre, l'âme limpide de cette enfant- Dix-huit fois elle s'est reflétée dans les claires prunelles de Bernadette extasiée, et c'est pourquoi cet humble nom de bergère, au lieu d'être bientôt effacé par les mousses sur la croix d'une pauvre tombe, dans un cimetière de campagne, vivra, glorifié pendant des générations sans nombre, au cœur des hommes.

FIN

# TABLE DES MATIÈRES



Chapitres Pages.



## PREMIÈRE PARTIE

### Les Apparitions.



## DEUXIÈME PARTIE

### Le Cadre des Apparitions.

## TROISIÈME PARTIE



## QUATRIÈME PARTIE



2825. — Tours, imprimerie E. ARRAULT et Cie.

www.ingramcontent.com/pod-product-compliance
Ingram Content Group UK Ltd.
Pitfield, Milton Keynes, MK11 3LW, UK
UKHW020130220726
13923UKWH00001B/82

9 782019 477189